1日15分×7週間で人生を変える

思考を現実化する

「ねるまえ」ノート

横川裕之
Hiroyuki Yokokawa

WAVE出版

はじめに
——1日15分×7週間の書き込みワークで人生を100パーセント変える!

本書を開いていただき、ありがとうございます。

この本は「思考を現実化する力をつけたい」「行動力をつけたい」「目標達成できる人になりたい」「習慣を変えたい」という思いを持ったあなたに手に取っていただき、そしてその思いをあなたに現実化していただくために、この世に誕生した1冊です。

「なんでそんな思いを持っているとわかるのか?」と、疑問に思われるかもしれませんが、もし、あなたがこういう思いを持っていなかったら、この本を手に取ることもなかったでしょうし、ましてや開こうなんて思わなかったはずです。

この本を49日間、最後まで主体的にやっていただくと、あなたはご自身のことをもっと好きになりますし、新しいことに対してより積極的にトライするあなたへと成長することをお約束します。

申し遅れました。横川裕之と申します。思考を文字化するサポートを通じて、かかわる方々の望む変化に導くお手伝いをしています。そのノウハウをまとめた、前作『思考は文字化すると現実化する』(WAVE出版)を実践された方々から、変化のご報告を数多くいただきました。

・口もきかないほどの夫婦関係だったのに、今は毎日会話が絶えません

・目標としていた全国大会に出場することができました
・コロナ禍にもかかわらず、毎月最高月収を更新しつづけています
・商品を告知すると、5分ですべて売れるようになりました
・長年思いつづけていた独立を果たすことができました
・子どもを志望校に合格させることができました
・会いたいと思っていた憧れの人とつながることができました

その前作の中では、「思考は誰でも現実化させている。思ったことを現実化できていないのは、自分に現実化するための『力』が足りないから」ということをお伝えしています。

たとえば、あなたが今この本を読まれているということは、「本を手に取って、ページを開く」という思考を現実化するだけの力をあなたが持っているからです。「そんな当たり前のことを……」と、思われるかもしれませんが、当たり前のことだからこそ、現実化できるのです。

「毎日お金持ちになりたいって、願っているけれど、全然現実化されていない。思考は現実化されるなんて嘘だ！」と思っている人はたくさんいます。

なぜ現実化されないのか？　その理屈は簡単です。
「お金持ちになりたい」という思考の裏には、「自分はお金持ちではない」という思考があります。「お金持ちではない」という思考が当たり前になっているので、それが現実化されているのです。

お金持ちだったら「お金持ちになりたい」なんていう思考を持っているはずがありません。お金持ちはお金を持っている状態が当たり前だから、お金持ちなのです。

「当たり前のことが現実化している」ということは、「現実化させたいことがあるなら、現実化しているのが当たり前になるような思考を持つ自分に変えていったらいい」ということになります。自分が変われば、現実が変わります。逆を言えば、現実が変われば、「自分はその現実にふさわしい自分に変わった」と判断できます。

失敗は成長を与えてくれる

ただし、自分や人生を変えたいと思うのであれば、これまでとは違う新しいことに取り組まなければいけません。新しいことに取り組めば、当然、失敗というリスクを負わなければいけません。失敗のリスクなしに自分や人生を変えることなんてできません。

もし、失敗したくないなら、挑戦しなければいいのです。けれど、その対価として、変えたいと思う自分や人生のままで一生をすごすことになります。「自分を変えたい、人生を変えたい！　でも、失敗はしたくない」――そんな虫のいい話はありませんし、**失敗せずにすべて成功している人なんて、歴史上存在しません。**

成功は報酬や名誉を与えてくれます。失敗は成長を与えてくれます。その成功の裏には数え切れないほどの失敗があります。失敗があるからこそ、成功を手にすることができるのです。

世の中には、何をやっても人がうらやむような成果を出せる人もいます。でも、その人たちだって、最初から成果を出せる人だったわけではありません。みんな生まれたときは何もできない赤ん坊だったのです。生きていく中で、たくさんの挑戦をして、そしてたくさんの失敗を経て、成長し、成し遂げたい思考を現実化する力を着実につけていったのです。

挑戦や失敗をすっ飛ばしたら、成長はありません。成長がないということは、思考を現実化する力もつきません。「それはわかるけれど、やっぱり失敗は怖い……」――もしかしたらそう思われているかもしれませんが、その思いは本書のお題に毎日取り組んでいくことで必ず克服できます。

失敗できた自分を認めていく

最低最悪の状況を予測し、最高の準備で臨んでも、失敗するときは失敗してしまいます。でも、その失敗は挑戦したからこそ起こったものであり、自分の力が足りなかったからこそ起こったものです。誰だって失敗は経験したくありませんが、起こってしまうことは避けられません。大事なことは失敗後の対応です。失敗に落ち込んでやめてしまうという選択もできれば、次の挑戦にどう活かしていくのかを決めるという選択もできます。

失敗は成長を与えてくれます。失敗することによって、成し遂げたい思考を現実化できる自分に一歩成長しているのです。そうやって「失敗できた」自分を認めていくことで、やがて現実化できる力が身についてくるのです。

その失敗できた自分を認められる力のことを「自認力（じにんりょく）」と前作では名づけました。自認力が高まるにつれて、思考を現実化できる力も高まっていきます。本書では49日間のお題を通じて、あなたの思考を現実化する力や自認力が高まっていくように設計してありますので、ぜひ最後まで取り組んでください。

本書の取り組み方

本書はタイトルの通り、寝る前に書かれることをおすすめしています。寝る前に書くことによって､その日に起きた出来事を振り返ることができ、スッキリした気持ちで眠りにつくことができるからです。脳は寝ている間も働いてくれていて、眠りにつく前に起きた出来事を再構築して、翌日目覚めさせてくれます。

毎日のお題には、１日をすごしてよかったことを３つ書いていただく項目があります。よかったことを書いていただくことで、その日１日を「よかった１日」として脳に認識してもらい、自分を再構築してもらって、翌日をスタートさせることができます。

逆によかったことを書かずに、悪かったことばかりを思いながら眠りにつくと、脳は悪かった１日をすごした自分を再構築するので、目覚めがよくありません。目覚めがよくないと、その日１日機嫌が悪くなり、機嫌が悪いあなたはまわりから敬遠されてしまい、さらに機嫌が悪くなる……という悪循環が起こります。

そんな状態におちいりたくはないと思いますが、多くの人は知らず知らずのうちにこの悪循環におちいっています。目の前に起こる出来事に意味なんてありません。その出来事に意味を与える自分がいるだけです。そして、その意味の与え方が自分の思考のクセになっています。

自分１人だけで実現できることなんて、ささいなことです。大きなことを実現させようとしたら、絶対に他人の協力が必要になります。他人が喜んで協力してくれるような自分にならなければいけません。そんな自分になる第一歩が、よかったことを見つけられる思考のクセを身につけることです。

さて、取り組み方として、絶対に守っていただきたいことが３つあります。

❶ 本に直接書き込む

もしかしたら、本に直接書き込むことに、抵抗があるかもしれませんね。

でも、こう考えてほしいのです。この本は実は未完成なのです。じゃあ、完成とはどのような状態なのか？　それは、あなたに日々のお題に取り組んで記述していただくことです。出されているお題は同じであっても、あなたの経験は唯一無二の経験ですから、ほかの人と同じことが書かれることはありません。「同じことが書かれることはない」ということは、49日後、この本はあなたにしか書けない、世界で唯一無二の１冊に変わるということです。

49日後、あなたはこの本を使って、ほかの人に教えることもできるようになります。あなたの経験を通して学んだことや気づきが書かれているわけですから、あなた以外に教えられる人はいません。本の値段以上の価格をつけて教えていただいて全然かまいませんし、あなたが伴走者となって、この本に一緒に取り組んでいただくのもいいでしょう。

❷ 1日1つずつ取り組む

これも徹底してください。「忘れてしまって、まとめて数日分やる」などということは絶対にやらないでください。夏休みの宿題じゃありませんから、まとめてやることに意味はありません。毎日積み重ねていくことに意味があります。

たとえば、2kmのランニングを1週間毎日行なうのと、7kmのランニングを週2日やるのとでは、走る距離は同じです。でも、どちらのほうがスタミナがつくかというと、毎日行なうほうですよね。

取り組む時間は特に決めませんが、まずは15分を目安に取り組んでみてください。15分は1日（1440分）の1パーセント強です。この1パーセントの使い方を変えれば、あなたも、そして、人生も確実に変わることをお約束します。

毎日取り組むということが、あなたのメンタルを強くすることにもつながります。メンタルについてはこの本とは別に数冊書けてしまうので、ここでは取り上げませんが、メンタルが強い人は、自分が決めたことをやりつづけられるという特徴を持っています。ということは、「メンタルを強くするには、自分が決めたことをやりつづけたらいい」となります。

❸ 断定調で書く

お題の回答はすべて断定調で書いてください。これも慣れていないかもしれませんが、人に何かを伝える際には断定調で伝えないことには、相手に伝わりませんし、何より自分自身に対して、自信のなさを伝えていることになります。

たとえば、「49日間取り組もうと思います」という人がいたらどうでしょうか？　「思っているだけでやらない人」「自信がない人」だと判断しますよね。

自信はどうやって作っていったらいいのか？　すでに自信があることに

対しては「思います」なんて使わないですよね。

たとえば、「九九を暗唱できますか？」と、私が尋ねたら「できます！」と言い切りますよね。逆に、「1から30までの掛け算を暗算でできますか？」と聞いたらどうでしょうか？　暗算検定に合格しているような方でなければ、「できません！」と言い切りますよね。

このようにできること、できないことにかかわらず、自信があることに対しては、誰だって言い切るんです。仮に今は1から30までの掛け算が暗算でできないとしましょう。でも、練習を積み重ねてできるのが当然になったら、言い切るわけです。だから、先にできた自分を演じてしまうのです。できるかどうかはあとからついてきますので、まずは言い切ることです。日々のお題の回答で断定調を使っていって、言い切る自分に慣れていきます。

以上、3つを必ず守って取り組んでいただければ、49日後、あなたは今の自分から確実に変化していることをお約束します。

また、文字にはその書いている時点での自分のエネルギーが転写されることになります。義務的に書いていったら、その義務的なエネルギーがこめられた本になるので、「開くのがおっくうになり、気づいたらやらなくなっていた……」という現実が創られます。一方で、毎日楽しみを見つけて嬉々として書いていったら、そのエネルギーがこめられた本になるので、開くのが楽しみになっていきます。

最終的にどんな本に仕上がるのか。それはあなたの日々の取り組み方で決まります。

それでは、Day01でまたお会いします。

（追伸）

書籍では伝え切れない、思考を現実化する力をさらに強化するための5つの特典をご用意しました。

1. 49日間サポートメール

登録翌日から毎日20時に継続をサポートするメールを送ります。

2.『ねるまえノート』Facebookグループ参加権

グループ参加者限定の音声ライブ配信を不定期で行い、質疑応答やミニセミナーをやっていきます。

3. 書けない自分を克服する（音声講義）

言葉が出てこないときの対処法をお伝えします。

4. 本書を120パーセント活用する方法（音声講義）

ページ数の都合で書き切れなかった活用方法を音声講義でお届けします。

5. 挫折してもへこたれない心の作り方（音声講義）

これを身につければ挫折への恐怖がなくなります。

今、このタイミングでなくても、本書を進めていって、あなたが必要だと感じたタイミングでご登録ください。

ご登録は右のQRコードからお願いします。

本書をひと足先にお読みになった スペシャルサポーターの皆さまのご感想

毎日のコラムが、読者の不安や迷いに寄り添い励ます内容になっているのがスゴイです。コラムを読むことで継続する力が湧いてきますし、一緒に伴走してくださっている感じが心強かったです。自分には何もない、まだまだダメだと卑下しがちでしたが、自分も「できる」と胸を張ることができました。
（金子文さん、集客請負人）

日々のお題の内容はもちろんですが、お題の順番、お題への取り組み方、答え方に沿って素直に書き進めていくだけで、思考が書き換わっていきます。知っているだけで使えなかった知識が読み進めて取り組むだけで、使えるようになっていくように構成された超画期的なノートでした。
（汐口あゆみさん、コピーライター）

毎日の小さなステップでも継続してワークに取り組むことで、確実に成長することができ、自認力が高まり、49日後に自分のことが大好きになりました。ワークに取り組むことで、決して独りではなく、応援されながら、49日間伴走していただいているように感じ、継続できない人だった私でも最後まで続けることができるワーク本です。
（高月圭子さん、住宅プランナー）

他者と比較して、ないものばかりを求めていたので、自信が持てない自分がいましたが、すでにある自分の価値に気づけましたし、書いたものが自分史となり、改めて見返しながら、大きな気づきになりました。
（山那佳世さん、美容院経営）

文字化を続けていく中で、出てくる試練に対して優しく丁寧に対策を伝えてくださっているので、安心して、取り組めました。読み進めていくうちに、自分の人生にきちんと向き合う決心がつきました。挑戦することは、常に恐怖と隣合わせですが、書くことによって得られる未来を手にします。
（たかのはるかさん、笑うモデレーター）

「すべての思いが叶うことはあり得ない」とても正直に書かれる文章で、より信頼性が増し、この本にトライしたくなりました。1つ1つにテーマと学びがハッキリと記され、たくさんの気づきをいただける。この本を手に取り実践できる人はとても幸せですね。
（石川与生さん、ベストボディ整体師）

無理をせずに実践できる内容になっていて、書くことで、自分のものになっていくので、子どもたち（中一と高一の娘2人）に実践してもらい、書くことで自分の現実を作っていくことを体感してもらいます。
（越川一宏さん、借金１億円返済プレーヤー）

どんどん習慣化したことをやらなくなり、元の自分に戻っていることを、見ていないフリをしていましたが、もう一度チャレンジする気持ちをいただきました。
（金丸直明さん、農園経営）

時に優しく、時に厳しく、まるで寄り添ってもらうような著書です。何回やっても毎回気づきを得られる手放せない本となること間違いなしです。
（勝田香子さん、ナレーター）

この本で得た学びとワークを通じて身につけたものは、生涯にわたって活用できるものです。どんな仕事をして世の中の人とかかわりたいのかを自分の言葉として伝えられるかどうかは、これからの時代ますます必要になるスキルになっていくこと間違いなしです。
（山路貞善さん、日本営業大学講師）

始める前には、「49日間は、長いな」って感じるかもしれませんが、毎日続けることであっという間の49日間だったと思えます。「最後まで終わられた方は、素敵な言葉を書かれるのかな～」と想像して、ニヤニヤしてしまいました。
（中澤ひとみさん、パーソナルトレーナー）

毎日書き込むことで、自分の思考のクセも気づけるようになります。良いこと探しをするので、気持ちも日々軽くなっていきます。それが日常にも現れてきて、気がついたら、以前のように落ち込むことや、引きずること、嫌な気分になることが減っていました。
（小沼鏡絵さん、四児の母）

ゆっくり丁寧に1日に一歩ずつ、文字化をすることで無理なく行動に移せるので、たった一歩だけれどその積み重ねが自分の進歩につながる……そんなノートです。「なるべく効率良く現実化させることができないか」とさまざまな講座を受けましたが、「急がば回れ」ということを教えてもらいました。
（岡本有紀子さん、㈱おかもと代表取締役）

ゴールを設定しながら、学びを吸収し、行動に移し、1日を振り返り、未来に活かすという循環が、この本を通じてできますし、ハイテンションになるわけでもなく、落ち込むのでもなく、文字化が淡々とできるようになりました。
（園田恵さん、助産婦）

最初に目標達成の位置に自分を設定し、未来→現在に向けてワークができるのがとても面白いです。ハードルが低いことを掲示している本が多い中、あえて逆算してこなしていく感じがとてもいいです。
（本屋勝海さん、頭痛屋）

目次を見ているだけでも、自分にどんな変化が出て来るかワクワクする期待と行動するきっかけをくれるように感じました。
（谷口美代子さん、三児の母）

生まれた瞬間の赤ちゃんは、できない自分なんかないのに人は大きくなるにつれて過去の経験でできない自分を作っている。できない自分を自分が作ったのなら、できる自分も自分で作れる。できる自分を作る考え方、やり方が本書に書かれているので49日間やり切ったら新しいできる自分ができています。
（上川弘次郎さん、保険代理店経営、心の家庭教師）

普通の本と違い、自分で作り上げるノートというのが、また斬新で魅力的でした！
（木村万理子さん、産褥シッター）

自分の気持ちを理解してもらえているといううれしさがあり、最後までやりつづけようという気持ちが強くなりましたし、行動を続けていくうえで大切なことを繰り返し説明いただいているので、「それってなんだったっけ？」ということがなく、繰り返し出て来ることで頭に残りました。
（武田智佐子さん、会社員）

やり切ってみなければやることの意味なんてわからないし、1回やったからといって、それで終わりということでもないし、ずっと続けていくべきことだということです。続けていくべきことということはわかっていても、なかなか習慣化までいかないので、今後もこの「ノート」を手元に置いて常に自分の視野に入るようにして、忘れないようにします。
（鈴木史生さん、税理士）

contents

Week 02 問題を明らかにする

Week 03 世界と自分はつながっている

Week 04 持っているものに目を向ける

Week 05 態度を変える

Week 06 他人に働きかける

Week 07 自分に誠実になる

ブックデザイン bookwall
本文DTP制作 津久井直美、天龍社
校正 小倉優子
編集&プロデュース 貝瀬裕一(MXエンジニアリング)

Week 01

最初の一歩を踏み出す

Week 01

Day01 自分と約束する

いよいよ今日からスタートです。最初の一歩をあなたは今日から踏み出します。あなたの49日間の成長過程にかかわれることを心からうれしく思います。

どんな大きなことも最初の一歩がなかったら、現実化されることはありません。たとえば、あなたが大阪市内に自宅があるとして、東京にある国立競技場を目指すとします。新幹線や飛行機、バス、自家用車、徒歩で向かうなどいろいろな交通手段がありますが、計画だけ立てても、自宅を出るという一歩を踏み出さなければ、あなたが国立競技場にいる状態は実現されません。

「何をそんな当たり前のことを……」と思われるかもしれませんが、ほとんどの人は計画だけ立てて、一歩を踏み出すことはありません。たとえ一歩を踏み出せたとしても、二歩、三歩と行動を続けることができません。なぜ行動を続けることができないのかは、来週に、より詳しくお伝えしますが、今日は行動を続けるための最初の一歩に集中します。

今日のテーマは「自分との約束」です。自分との約束といっても、難しいことを何個も約束する必要はありません。ここであなたに決めてほしい約束は、このノートを書くタイミングです。「ねるまえノート」というタイトルをつけているくらいですので、夜が一番効果は高いです。でも、書くタイミングは朝でも昼でもいつでも大丈夫です。

設定する際には「20時に必ずノートを書く」など時刻で決めるのもいい

ですが、おすすめは「お風呂に入ったあと」「歯を磨く前」など、ご自身がすでに習慣化されていることにくっつけることです。

毎日確実にノートを開くタイミングを設定したら、それを21ページのノートに記載してください。ノートへの記載が終わったら、スマホのカレンダーにもノートを書くタイミングを仮でいいので毎日設定してしまいましょう。

行動が続かない一番の要因は「忘れる」ことです。歯磨きやお風呂など習慣になっていることは忘れずに行動しつづけられます。しかし、新しく始めたことはすぐに忘れてしまうことが多いのです。「習慣化ができない……」というご相談をたくさんいただきますが、そのほとんどが忘れて行動しなかっただけです。あなたもおそらく忘れてしまって行動せずに、そのままになってしまった……という経験をされたのではないでしょうか？

今回の書く時間を「歯磨きをしたあと」に決めたとします。歯磨きする時刻は日によって変わると思いますが、一定の時刻にアラームを鳴らすことによって、ノートを書くというご自身との約束を忘れることを防げます。

なお、この約束は私とするものではありません。あなたの一番身近にいるあなたご自身とするものです。
私は、セミナーの中で「あなたの大切な人のお名前を5人書いてください」という質問をよくするのですが、回答者の99パーセントがその中にご自身のお名前を書かないのです。それだけ自分自身に対して意識を向けていないということです。あなたは大切な人との約束は必ず守る人だと思います。そして、ご自身よりも他人のほうを優先されることも多いでしょう。

でも、この49日間だけはご自身との約束を最優先にしてほしいのです。最優先にしてやりつづければ、**49日後、あなたは「自分との約束を守る人」へと進化することになります**。自分との約束を守るということは、実現するまであきらめない人になるということでもあります。

このノートを開いて、毎日のお題の回答を書いていく。誰にでもできることです。でも、その誰にでもできることを続けられる人は少ないです。だからこそチャンスなのです。

誰かに見せるものではありませんので、思ったこと、感じたことをそのまま書いてください。もしかしたら、否定的な言葉がたくさん出て来るかもしれませんが、それでもいいです。それが今のあなたの「ありのまま」だということです。

未来は実現したら「今」です。今の自分を認められないという思考のクセを持っていたら、どんなに素晴らしい自分になったとしても、自分を認めることはできないでしょう。

現在はあなたが思う理想の自分とはほど遠いかもしれません。でも、そのほど遠い自分から始めるしかありません。着実に一歩一歩積み重ねていくことで、49日後、あなたは確実に変化していることをお約束します。

それでは今日のお題です。

❶ このノートを書くタイミングを決めて、次ページの空欄を埋めてください。

❷ タイミングを決めたら、スマホのアラームを仮設定し、次ページのYESに◯をつけてください。

❸ 今日を振り返ってよかったことを次ページに3つ書いてください。

❹ 1日を振り返っての気づきや感想を次ページに自由に書いてください。

成功への最初の一歩を踏み出したあなたにまた明日お会いします。

Week 01

Day 01　　月　　日（　）

1 このノートを書くタイミング

私、(　　　　　　　　　　)は(　　　　　　　　　　)の
タイミングで必ずこのノートを記入します。

2 スマホのアラームを設定しましたか?

YES／NO

3 今日を振り返ってよかったことを3つ書いてください。
〈例〉ノートを開いてお題を記入することができてよかった。

1.
2.
3.

4 1日を振り返っての気づきや感想を自由に書いてください。

Week 01

Day02 得たい成果を決める

今日もお会いできてうれしいです。ありがとうございます。もちろん、実際にお会いしているわけではありませんが、私はあなたが目の前にいると想定しながら、この文章を書いています。

昨日、Day01のノートを書いてみていかがだったでしょうか？

「思ったように書き出せなかった……」
「文字量が少なかった……」
「これでいいんだろうか……」

とネガティブなことを思われたかもしれません。でも、それでいいのです。

ほとんどの人は、そのネガティブな自分と向き合いたくないために、いろいろな理由をつけて行動しません。なぜなら、それが失敗しない一番の方法だからです。

行動には、必ず「失敗する」というリスクがともないます。その数は失敗のほうが多いでしょう。エジソンの逸話を例に出すまでもなく、成果を出される方々というのは、この失敗に対する耐久力が高いのです。

私たちは正解が先に用意され、その正解に導かれるような教育を受けてきました。だから、何事にも正解があると思い込んでいます。頭では「正解なんてない！」と、わかっていても、深い部分では常に正解を求めてしまうのです。

だから正解が見えないと行動できない自分になってしまっています。
行動すれば失敗することもありますが、その失敗は、成長という報酬を与えてくれます。一方で、行動しなかったら失敗はしませんが、今のままの自分でいつづけることになります。

「今の自分を変えたい！」と思っているのに、不思議なもので失敗に対する恐怖から、今の自分のままでいつづけることを選択してしまうのです。

多くの人は亡くなる直前、こう思うそうです。「もっとチャレンジしておけばよかった……」と。あなたもこんな終わり方をしたくないと心のどこかで思っているからこそ、この本を手に取ってくださっているはずです。

失敗は確かに怖いです。でも、**もっと怖いのは、亡くなる直前に「もっとチャレンジしておけばよかった……」と言ってしまうこと**ではないでしょうか？

私自身も、常に恐怖と隣合わせです。たとえば、この本を書くことによって必ず批判がやって来ます。もしかしたら売れずに、関係者に迷惑をかけることもあるかもしれません。その結果、次作が出せないということも……そんな恐怖から逃れるために「書かない」という選択だってあります。でも、それは今の自分を守るための、自分勝手な考えでしかありません。

と、同時に書くことによって得られる未来も考えます。そして、どちらを選択することが自分にとって後悔のない選択になるのか？　こうやってあなたが読んでくださっているということは、書くことによって得られる未来を私は選択したということです。

さて、今日のお題は「得たい成果を決める」になります。この本を終えたときにどんな成果を得ていたいのか？　現段階で思っていることを素直に文字にしていきましょう。

たとえば、

・**49日間、やり切った自分になっている**
・**失敗に対する耐久力がついて、新しいことにチャレンジしている**
・**自分のことをもっと好きになっている**
・**自分からあいさつできるようになっている**

など、得たい成果をどんどん書いてみてください。

素直に文字にするにはためらいがあると思います。昔の私もそうでしたから、よくわかります。でも、自分しか見ないものに対して、素直に出せない人が、どうしてほかの人の前で自分を素直に出せるでしょうか？

「ありのままの自分を知ってほしい」のに、自分自身にすらありのままを見せられない。自分自身にすら見せられない「ありのまま」を他人に理解してもらおうなんて、傲慢の極みですよね。もし、あなたの目の前にそんな人が現れたらどうでしょうか？　親しくなりたいなんて思いませんよね。

素直な自分を紙の上に書き出してみてください。それではまた、明日お会いします。ありがとうございます。

1 この本を通じて、得たい成果は何ですか?
次ページに書いてください（いくつでもOKです）

2 今日を振り返ってよかったことを次ページに3つ書いてください。

3 今日を振り返っての気づきや感想を次ページに
自由に書いてください。

Week 01

Day 02

月　日（　）

1 この本を通じて得たい成果は何ですか？（いくつでもOKです）

2 今日を振り返ってよかったことを3つ書いてください。
〈例〉今日もノートを開いてお題を記入することができてよかった。

1.
2.
3.

3 今日を振り返っての気づきや感想を自由に書いてください。

Week 01

Day03 主体者は誰？

3日目に入りましたね。昨日はどんな成果を書かれたでしょうか？ 「1つしか出なかった……」という方もいるかもしれません。でも、それでいいのです。それが今の自分だと認めることが大切です。思いつかずに投げ出す人が多い中、1つでも書けたら、その1つを達成させたらいいのです。

なお、このあと数の増やし方などもやっていくので、あせる必要はまったくありません。むしろ、たくさん書いたけれども「どれに集中していいのかわからなくなって、何も得られなかった……」となるよりは、はるかにいいです。

この得たい成果については、49日間の途中で変えてもらってもかまいません。やっていくうちに「これは得なくてもいいな……」とか「こういう表現に変えたほうがいいな……」と思うこともあるでしょう。一度決めたら変えてはいけないわけではありません。メンテナンスしてどんどん洗練させていってください。

さて、1ページ前に戻って得たい成果を確認してみましょう。その得たい成果は49日後に得られるものになっているでしょうか？

「どういうこと？」と、あなたは思われるかもしれません。

たとえば、お給料が30万円で、ビジネスの勉強をまったくしていない人が「49日後に自分のビジネスで月収を100万円にします！」と書いたとしましょうか。100パーセント不可能とは言いませんが、実現する可能性は低いですよね。

今の自分にはできていないけれども、49日後には得られる成果になっているかどうかを確認したら、そのページに付箋を貼っておいてください。そして、毎日取り組む前にその得たい成果を見るようにしてください。

Day01でもお伝えしたように、**人がなぜ行動できないのかというと、その行動や得たい成果を「忘れる」からです**。忘れるという失敗を予測できていれば、その失敗に対する準備ができます。

失敗を防止するためには、「予測と準備」が重要です。もちろん、「予測と準備」をしっかりしていたとしても、予測できていなかった失敗を経験することがあります。

失敗したものは致し方ありません。傷口が広がらないように処置をして、次に同じ失敗を繰り返さないためにどんな準備をしておけばよかったのか対策を考える。そして実践していくのです。そうなると、失敗は学びにしかなりません。

さて、今日のお題は「主体者」についてです。主体者とは、まわりの意見や第三者からの指示に頼らずに、自分の判断、考えに基づいて行動する人です。主体性の根本にあるのは「自己責任」です。行動の結果、うまくいかなかったとしても、その責任は自分自身にあると考えます。

それがたとえ不可抗力だったとしても、自分の準備不足を反省し、次の行動につなげていくことができます。

私が主催するセミナーでは最初に得たい成果と、その成果を得るための一番の主体者についてお聞きします。すると必ずこう言う人が現れます。

「横川先生です」

「一緒に学ぶ方々です」

その方にはこうお聞きします。

「では、あなたの得たい成果に対して、私が本気でかかわるために、働きかける主体者は誰ですか？」

すると気づかれるわけです。自分自身ということに。

さて、あなたが得たい成果を得るために主体的になって動く人はどなたでしょうか？　そのお名前をフルネームで書いていただきます。なぜフルネームで書くのかというと、責任の所在を明確に表すためです。

たとえば、契約書に「自分」と書く人はいませんよね。得たい成果を得るための主体者になる契約をここでしていただきます。以下、今日のお題です。

---

❶ Day02で書いた得たい成果を得るための主体者のお名前を次ページに書いてください。

❷ 今日を振り返ってよかったことを次ページに3つ書いてください。

❸ 今日を振り返っての気づきや感想を次ページに自由に書いてください。

それではまた、明日お会いします。

Week 01

Day03

月　　日（　）

1

Day02で書いた得たい成果を得るための
主体者のお名前を書いてください。

2

今日を振り返ってよかったことを3つ書いてください。
〈例〉今日もノートを開いてお題を記入することができてよかった。

1.
2.
3.

3

今日を振り返っての気づきや感想を自由に書いてください。

Week 01

Day04 どのくらいの思いで取り組む？

4日目に入りましたね。三日坊主という言葉があるように、ほとんどの人が新しいことを始めても3日ともちません。「継続できない……」「習慣化できない……」という相談もたくさんいただきますが、実は誰もが継続も習慣化もできる才能を持っているのです。

1つ事例を出します。2020年から広まった新型コロナウイルスの影響で、ほとんどの人が毎日マスクをつけて移動をしています。それまではマスクをつけるなんて冬の時期くらいだったでしょう。

この原稿を書いているのは、2021年の夏ですが、30℃を超えている暑い中でもほとんどの人がマスクをつけて外を歩いています。厚生労働省のホームページでは、「熱中症予防のために、2メートル以上の距離が確保できるならマスクを外すように」と書かれているにもかかわらずです。

2020年以降、毎日マスクをつけるという行動を積み重ねていった結果、それが習慣化され、マスクをつけているのは当たり前で、むしろ、マスクをつけていないと違和感があるという人もたくさんいらっしゃいます。

マスクをつけるという習慣を身につけた人なら、誰でも自分で新しい習慣を作ることができるわけです。

「マスクは強制だからできるんだよ！」って、あなたは思われるかもしれませんね。だったら、あなたが作りたいと思っている習慣も、「強制的に毎日やっていったらいい」となります。

では、その強制は誰がやるのでしょうか？　答えは明確ですね。主体者である自分自身です。

マスクに関しては「人の目」「世間の目」というのが、その強制力になりました。

「マスクなんてホントはしたくない。でも、マスクをしていないと、かかる可能性もあるし、自分が誰かにうつしてしまうかもしれない……」
「マスクをしないとほかの人たちから白い目で見られるのでイヤだ……」

動機はネガティブなものかもしれませんが、強い思いがあったからこそ、マスクをつけつづけることができているのです。

強い思いを持っていれば、決して忘れることなく、優先的に行動するようになり、その行動の積み重ねが継続、そして、習慣となるのです。

さて、Day02で書いていただいた得たい成果について、あなたはどのくらいの思いをお持ちでしょうか？　それを数値（百分率）で表していただくのが、今回のお題になります。

やる気に満ちあふれるあなたですので、100パーセント以上の数字を出してくださると思いますが、セミナーでこのお題をやると、100パーセントと書く人がとにかく少ないのです。

「80パーセントです」
「50パーセントです」
「20パーセントです」

今の自分を変えたいと思って参加されているはずなのに、100パーセント取り組めないと言うのです。不思議だと思いませんか？　理由を詳しく聞いてみると、ほとんどの方が同じことを言います。

「100パーセントの思いでやってしまうと、今抱えていることを削らないといけないですよね……それが怖いんです……」

人は誰でも24時間が平等に与えられています。**新しいことに取り組むのであれば、これまでやっていたことをやめる必要があります**。しかし、多くの人はやめずに、現状でいつづけることを選択するのです。

「自分の現状を本気で変えよう！」と、強い思いを持っているのであれば、得たい成果をつかむための行動に毎日最優先で取り組むことができるはずです。

では、あなたにとって最優先で取り組む行動は何でしょうか？　それは、この本を毎日決まったタイミングで開きつづけることです。本を開き、得たい成果を確認して、毎日のお題の回答を書く。これを49日、毎日積み重ねたら、継続できたあなたへと進化することができます。

今日のお題は以下になります。

❶ Day02で書いた得たい成果を得るため、何パーセントの思いで取り組みますか？　次ページに書いてください。

❷ 今日を振り返ってよかったことを次ページに3つ書いてください。

❸ 今日を振り返っての気づきや感想を次ページに自由に書いてください。

それではまた、明日お会いします。

Day 04　　　　月　　日（　）

1

Day02で書いた得たい成果を得るため、何パーセントの思いで取り組みますか？　〈例〉私、横川裕之は、この本をやり抜いた自分になるため100パーセントの思いで取り組みます。

2

今日を振り返ってよかったこと3つ書いてください。
〈例〉今日もノートを開いてお題を記入することができてよかった。

1.
2.
3.

3

今日を振り返っての気づきや感想を自由に書いてください。

Week 01

Day05 思即実行

まずDay05に取り組む前に、Day02で書いた「得たい成果」は確認していただけたでしょうか？　その得たい成果を現実化させるために、あなたは主体者となって100パーセント以上の思いで取り組んでいきます。

これまでの人生を振り返って文字化して、主体者自分で100パーセント以上の思いで取り組んでいくことを決めて挑戦されたことはあるでしょうか？　おそらく多くの方にとっては、初めてのことになると思います。

「現実化できる人とできない人の差は何か？」と質問をよく受けますが、私はその差は「思い」にあると断言しています。現実化できない人は、自分が本気で現実化できるなんて思っていないんです。だから一度失敗すると「どうせ自分なんて……」とか「やっぱり何をやってもダメなんだ……」って、自分を責めてしまい、そこであきらめてしまいます。

一方で、**現実化できる人は、何度失敗しても失敗から得た学びを改善につなげて、現実化できるまであきらめずに行動しつづけます**。設定した期限に間に合わずに失敗に終わったとしても、また新たな期限を設定して、挑戦するのです。

たとえば、これから先、もしかしたら、本を開けなかった日が出て来るかもしれません。もし、開けなかったとしても、そこで自分を責めて終わらせてはいけません。ふてぶてしくやりつづけたらいいのです。毎日やりつづけることは確かに大事です。大事ですが、それは本書の一番の目的ではありません。本書の一番の目的は、あなたが得たい成果を現実化できる人になっていただくことです。

　さて、今日のテーマは「思即実行」です。この言葉は前作『思考は文字化すると現実化する』に登場させた、私の造語です。言葉の通り「思ったら即実行する」という行動のクセをつけていきます。

　この本を手にされたあなたは、おそらく行動へのハードルを高く設定する人だと思います。たとえば、掃除をやろうと思ったら、完璧に部屋がきれいになるまで終わらせてはいけないと考えたりしないでしょうか？

「時間がかかるし、ほかにもやることがあるし、第一、部屋を掃除していなくても困ってないし」って、やらないための都合のいい理由を脳は思いついてくれて、それに説得されてしまうのです。

　説得されないためには、その説得が出て来る前に、行動に移してしまう自分になってしまえばいい。そのためのキーワードが「思即実行」です。

　思即実行のために、まず「やろうと思っているけれども、まだやっていないこと」を3つ書き出していただき、その中の１つを思即実行してください。そしてDay06のお題に取り組むまでに、その3つすべてをやり切ってください。

　この3つは得たい成果に直接かかわっていなくてもかまいません。たとえば、先ほど掃除を事例に出しましたが、ほかのことでも大丈夫です。ここで主眼を置いているのは、「思ったら」即実行する自分になることですから、「ゴミ捨てをする」「本を片づける」など身近な簡単なことから始めてください。

　いくつか事例を出しておきますので、参考にしてください。

・Facebookに投稿する
・YouTubeに投稿する

・郵便局に手紙を出しに行く
・アイロンがけをする
・机の上にある本を本棚に戻す

「こんな簡単なことをやって何の意味があるんだよ……」って思われたかもしれませんが、簡単なことを行動に移せない人が、どうして、難しいことを行動に移せるというのでしょうか？

行動を止めてしまう最大の敵は、まわりの人たちではなく、自分自身です。まわりの人たちから何かを言われたとしても、その言われたことに説得されて行動をやめると決めるのも自分自身ですからね。

主体者であるということは、「全責任を自分が負う」ということです。

今日のお題は以下になります。

❶ やろうと思っていて、やっていなかったことを次ページに3つ挙げて、明日実践してください。

❷ ❶を達成するためのキーパーソンのお名前をフルネームで次ページに書いてください。

❸ 何パーセントの思いで取り組みますか?

❹ 今日を振り返ってよかったことを次ページに3つ書いてください。

❺ 今日を振り返っての気づきや感想を次ページに自由に書いてください。

それではまた、明日お会いします。

Week 01

Day 05　　月　　日（　）

1 やろうと思っていて、やっていなかったことを3つ挙げて、明日実践してください。

・

・

・

2 1を達成するためのキーパーソンのお名前をフルネームで書いてください。

3 何パーセントの思いで取り組みますか?

4 今日を振り返ってよかったことを3つ書いてください。〈例〉今日もノートを開いてお題を記入することができてよかった。

1.

2.

3.

5 今日を振り返っての気づきや感想を自由に書いてください。

Week 01

Day06　小さな行動を認める

　昨日のワークで書いたことに取り組まれて、このページを開いていることと思います。もし、まだ実行できていないようでしたら、実行してから戻って来てくださいね。

「こんな小さなことで何が変わるんだ……」と、思われたかもしれません。このワークの目的は、すぐに動ける自分を作ることです。

　成果というのは、小さな行動の積み重ねの先に生まれるものです。逆を言うと、**「小さな行動の積み重ねがなければ、成果は生まれない」**ということです。

「こんな自分になるんだ！」「こんな未来を作るんだ！」「こんなことを成し遂げるんだ！」などと、「こんな」の部分を丁寧に文字化できたとしても、行動しなければ、現実化することはありません。

　あなたが描いた未来へ向かう車の運転手はあなたであり、そのガソリンとなるのは、あなたの思いです。そして、アクセルを踏む、つまり、あなたが行動することによって、車は前へと進むのです。残念ながらその車は自動運転ではないので、あなたはずっと運転席でハンドルをにぎり、アクセルを踏みつづけないといけません。

　もちろん、途中で疲れたら休憩してもかまいませんし、ときには、ガソリンの補給も必要になるでしょう。でも、あなたの代わりとなる運転手は誰もいないのです。だから、常に動きつづけないといけません。

行動したとしても、すぐに成果が出ないことがほとんどです。たとえば、高3の夏まで部活動をしていた学生が大学受験の勉強を始めたとして、先に勉強していた人たちにすぐに追いつけるかというと、よほどの天才以外にはあり得ないことです。

しかし、英単語を1つずつ覚えるなど、小さな行動を積み重ねていけば、やがてそれが大きな力となって、合格という成果を手にできます。

「こんな小さな行動じゃ……」って思う気持ちもわかりますが、**小さな行動ですらすぐに動けないような人に大きなことを達成できるはずもありません**。

そこで、小さな行動を積み重ねられる自分になれる「認める」ワークを行ないます。人は誰かから認められることによって、よりいっそうやる気が出る生き物です。では、誰が誰を認めるのでしょうか？　あなたが5日目の思即実行をやり切ったあなた自身を認めるのです。

「えっ!?　自分で自分を認めるの？」と、驚かれたかもしれませんが、どんどん認めていいのです。この自分を認める力を**「自認力（じにんりょく）」**といいます。

あなたがご自身のためにがんばったのですから、遠慮なく行動したご自身を認めましょう。「これっぽっちの行動を認めるなんて……」と、抵抗したくなるのもよくわかります。では、どんな行動だったら自分を認めることができるのでしょうか？

抵抗が出るということは、これまで自分の行動を認めることをほとんどしていなかったからでしょう？　逆に「なんで自分はこれっぽっちしかできないんだ……」って、自分を否定して来たでしょう？　では、否定して得られたものはありましたか？

否定を積み重ねてきて、できあがったのがあなたの目の前の現実です。

あなたは、この現実を変えたいと思われていますよね？　そうでなかったら、この本を購入しないし、この本をここまで実践されていないはずです。現実を変えたいのであれば、今日から自分を否定することはやめて、どんどん自分を認めていきましょう。

では、どうやって自分を認めるのか？　まずはDay05のノート（37ページ）を開いて、そこに書いた3つの項目に赤ペンで花丸をつけてください。ページ全体に花丸をつけてもいいです。時間に余裕があれば、Day01～04までのノートにも花丸をつけてください。

自分に花丸をつけるなんてやったことないでしょうから、躊躇されるかもしれませんが、ぜひその気持ちを今日のお題で残しておいてください。

今日のお題は以下になります。

1. **Day05で実践した3つのことに花丸をつけてください。**
2. **思即実行ワークを実践しての気づき、花丸をつけての気づきを次ページに書いてください。**
3. **今日を振り返ってよかったことを次ページに3つ書いてください。**
4. **今日を振り返っての気づきや感想を次ページに自由に書いてください。**

それではまた、明日お会いします。

Week 01

Day06　月　日（　）

1　Day5で実践した3つのことに花丸をつけてください。

2　思即実行ワークを実践しての気づき、
花丸をつけての気づきを書いてください。

3　今日を振り返ってよかったことを3つ書いてください。
〈例〉今日もノートを開いてお題を記入することができてよかった。

1.
2.
3.

4　今日を振り返っての気づきや感想を自由に書いてください。

Week 01

Day07 Week01の振り返り

1週間お疲れさまでした。数万人の研修に携わってきたある先生がこんなことをおっしゃっていました。

「学んだだけでやらないままで終わるのが80パーセント。学んだことをやってみるのが20パーセント。その20パーセントのうち1週間続けられるのは、その中でも1割。つまり、2パーセント。100人いたら1週間続けられる人は2人しかいないのです」

これをあなたが読まれているということは、あなたはその2パーセントに該当しているということです。ほとんどの人は「変わりたい、変わりたい」と、頭で思っていても、実際に行動に移さないのです。

しかし、あなたは違います。1週間毎日続けることができました。慣れないことをしたので、大変だったと思います。「なんで書かなきゃいけないんだ……」って、思ったことも一度や二度じゃないでしょう。それでもあなたは脳が発してくる説得に耳を貸さず、ここまで続けてこられました。

読んでいるうちにこう思われるかもしれませんね。

「たかが1週間で大げさな……ノートを開いて書くなんて、誰だってできることでしょう？」

でも、その誰だってできることが、ほとんどの人にはできないのです。正確に言えば「やらない」のです。誰だってできることすらやらない人が、どうして自分を、そして、人生を変えられるというのでしょうか？

世の中に出ている自己啓発本のすべてが「行動」を説きます。どんなに知識を蓄えたところで、日常生活の中で使っていかなければ、自分も人生も変えることなんてできないのです。**あなたの人生を、あなた自身を作れるのは、唯一あなただけです**。このことを絶対に忘れないでください。

さて、今日のテーマは1週間の振り返りです。このノートでは各週の終わりに、1週間の振り返りをしていただきます。あえて立ち止まって振り返りの時間を取ることで、進んでいる方向が間違っていないかを確認します。

たとえば、学生の頃に受けた模試で点数や偏差値だけを気にしている人は、成績が伸びません。点数や偏差値は現在の自分の実力がわかるという効果はありますが、模試においてそれ以上に大事なのは間違ったところを確認することです。なぜ自分がその間違いをしてしまったのか？　同じ間違いをしないためにはどうしたらいいのか？　その振り返りが自分を成長させてくれます。

「毎日ねるまえノートを書く」という、これまでの人生でやってこなかったことに1週間トライされたわけですから、疲れていると思います。やっていなかったことをやっているんですから、疲れを感じるのは当然です。

逆に疲れを感じていなかったとしたら、それは今までの自分のレベルでできることだから、成長がないとも言えます。筋肉が筋肉痛を経て成長するように、目に見えない部分の成長は精神的な疲れを経て起きるものです。

「筋肉を鍛えたい、でも、筋肉痛は経験したくない……」という人が、筋肉を鍛えられるでしょうか？　そんなことはないですよね。それと同じで精神的な疲れを経験せずには、あなたの成長はないのです。

まず、この1週間でよかったことを思いつくだけ書いてみてください。

・1週間続けることができた
・よかったことが20個以上貯まった
・前向きに通勤することができた
・やろうと思っていたけれどやっていなかったことができた

など、よかったことを見つけ出し、それを文字にして味わってみてください。

よかったことを書き出したら、次は「もし、もう一度今週をやり直せるならどうする？」と、自分に問い、出て来た答えを書き留めてください。

どんなに完璧にすごせたとしても、改善の余地が必ずあります。「完璧で改善するところがない」というのであれば、あなたの人生はこれ以上成長する要素がないと自分で判断することになります。

正解不正解はありませんので、思いつくまま書いてみてください。

今日のお題は以下になります。

---

1 Week01を振り返って、よかったことを次ページに思いつくだけ書いてください。

2 もし、もう一度Week01をやり直せるならどうしますか?次ページに思いつくだけ書いてください。

3 今日を振り返っての気づきや感想を次ページに自由に書いてください。

それではまた、明日お会いします。

Week 01

Day 07

月　　日（　）

1 Week01を振り返って、よかったことを思いつくだけ書いてください。

2 もし、もう一度Week01をやり直せるならどうしますか?思いつくだけ書いてください。

3 今日を振り返っての気づきや感想を自由に書いてください。

memo

Week 02

問題を明らかにする

Week 02

Day08　1週間のゴールを決める

2週目に入っていきます。今週もがんばっていきましょう。今週も同じように、得たい成果を確認してからトライしてください。得たい成果はどんどん変えてしまってかまいません。

「一度設定したものは変えてはいけない」という思い込みを持っていたとしたら、変えることに抵抗を覚えるかもしれません。でも、それが今までのあなたを作ってきたわけですから、あえて変えてみることで、これまでとは違った人生を作っていくことになるのです。

あなたの人生ですから、誰に遠慮することはありません。**この49日間はこれまでの自分では取ってこなかった行動をどんどんやっていきましょう**。

さて、昨日の振り返りはいかがだったでしょうか？　特に「もし、もう一度やり直せるなら……」は初めての挑戦だったかもしれません。

振り返りをすると、どうしてもできていなかったところに目がいくものです。できなかったところは致し方ありません。だからといって、放置しておくとまた同じような問題が起こります。昨日の模試の例と同じで「どうすればできていたのか？」を考えることによって、同じような問題が現れたときの対処法をあなたは持っていることになります。

その対処法を実施すれば、問題を解決できる可能性は高いわけです。しかし、それでも解決できないこともあるでしょう。解決できなかったら、また「もし、もう一度やり直せるなら……」を投げかけて、違う解決策を見つけたらいいのです。問題というのは、あなたを成長させるために与えられるものです。逆を言えば、もし、問題が発生しないというのであれば、あなたは成長していないということです。

何か新しいことに挑戦しようとすれば、必ず問題や障害が現れます。その問題や障害を事前に予測しておいて、準備をしておくのです。とはいえ、予測と準備をしておいたとしても、想定外のことは起こります。想定外のことが起こるということは、予測できなかった自分の力不足がわかったということでもあります。それこそが自分の伸びしろになるわけです。

今週のテーマは「問題を明らかにする」です。問題を認識できていなければ、解決できないし、解決できなければ、進化も成長もありません。

では、問題はどうしたら発生するのでしょうか？　私は問題という言葉を次のように定義しています。

問題とは「理想と現実のギャップ」。

理想を掲げて行動すれば、現実とのギャップが必ず生まれます。そのギャップを1つずつ日々の行動で埋めていくことによって、理想に近づくことができます。もし、「問題が発生しない」「問題が見つからない」というのであれば、「理想が実現されているか」「理想がないか」のどちらかです。

「人生に満足していない……」というのであれば、現状が理想の人生になっていないからですよね。じゃあ、何が理想の人生を阻んでいるのか？　それを明確にして、クリアしていけば、理想の人生が現実化するに決まっています。

人生という大きな枠組みで考えると難しいので、今日のお題は1週間後のゴールを設定し、明日のお題でそのゴールに向けた問題を洗い出すことにします。

今日立てていただくゴールは、1つだけ条件があります。その条件とは、「1週間後に絶対に達成できる」ものであることです。1週間後にそのゴールを達成できていれば、あなたは自分の行動を通じて、1週間後にそのゴールを達成した未来の現実化に成功したことになります。

ただし、「毎日歯を磨く」など、すでにできていることはゴールにはなりません。すでにできていることに、わざわざ取り組んでも、あなたの成長にはほとんどつながりませんからね。

たとえば、

・見ようと思っていたけれど見ていなかった映画を3本見る
・10キロのランニングをする
・人前で話す機会を3回作る

など、これまでやっていなかったけれども、1週間で達成できるゴールを設定して、必ず達成させてください。いくつでもいいですが、無理はしないでください。

以下、今日のお題になります。

❶ 1週間で必ず達成できるゴールを次ページに書いてください。

❷ 今日を振り返ってよかったことを次ページに3つ書いてください。

❸ 今日を振り返っての気づきや感想を次ページに自由に書いてください。

それではまた、明日お会いします。

Week 02

Day 08　　　月　　日（　）

1　1週間で必ず達成できるゴールを書いてください（1つでもかまいません）。

・
・
・
・

2　今日を振り返ってよかったことを3つ書いてください。

1.
2.
3.

3　今日を振り返っての気づきや感想を自由に書いてください。

Week 02

Day09 目標達成に向けた問題を明らかにする

昨日立てたゴールに向けて、今日はどのくらい行動できたでしょうか？これまでかかわった人の中には、「1日で達成してしまった！」という人もいました。もちろん、達成したことは素晴らしいのですが、「ゴール設定が低かった」という気づきも同時に得ることになりました。

逆に設定した翌日は「まったく行動しなかった」という人も相当数いらっしゃいます。その理由としては、「必ず達成できるゴールだから、そんなにあわてなくても大丈夫」というものです。

しかし、1週間後、達成できなかった人が必ず現れるのです。

- **急な出張が入ってしまって、時間を取れなかった……**
- **熱を出してしまって、ずっと寝込んでいた……**
- **子どもを寝かしつけてからやろうと決めていたのに、一緒に寝てしまっていた……**

など、理由はさまざまでしたが、絶対に達成できることをゴールに設定したにもかかわらず、達成できなかったのです。私としてはそういう人が現れるというのも想定内で講座を進めているので、そこから気づきを得てもらうのですが、今回はあなたが達成できたかどうかを私がリアルタイムで確認することができません。なので、先に達成できない要因をお伝えして、あなたには同じ轍(てつ)を踏まないようにしてもらいます。

前のページに戻って、もう一度ゴールを確認してみてください。そして、

そのゴールはどんな問題が発生しても達成できるものになっているでしょうか？　たとえば、熱が出て体調不良になったとしても達成できるものでしょうか？　たとえば、急な仕事に対応しなければならなくなったとしても達成できるものでしょうか？　たとえば、お子様と一緒に寝てしまって夜の作業時間がなくなったとしても達成できるものでしょうか？

不思議なもので、新しいことに取り組むと、必ずと言っていいほど、想定していなかった問題が発生します。体調不良はその典型です。とすると、もし、体調不良になったとしても、達成できるゴールになっているかどうかを確認してほしいのです。

過去、目標に挑戦したことが何度も何度もあるでしょう。そして、その多くは達成できずに悔しい思いをされたことでしょう。ひょっとすると「もうこんな惨めな思いをしたくない！」と、目標を立てることすら避けていたかもしれません。それでもあなたは自分をあきらめ切れない。だからこそ、このノートに毎日チャレンジされているわけですよね。もし、目標達成が軽々とできているなら、この本に惹かれることもないでしょうし、仮に惹かれたとしても、ここまでワークに取り組むはずがありません。

「目標＝達成できないもの」という方程式があなたの中にはきっとあるでしょう。その方程式を**「目標＝達成するもの」**へと書き換えていくのが、このノートの役割の1つです。このノートにあるお題で、あなたにできないものは1つもありません。しかし、あなたが最後までやらなければ、その方程式が書き換わることはありません。

今日のお題は、残りの6日間で現れるであろう問題を予測して書き出して、その準備を書き出すことです。たとえば、「急な食事に誘われる」という問題が現れると想定します。これまでだったら、食事を優先するかもしれません。しかし、本当に優先すべきは、その食事でしょうか？　違いますよね。本気で変わることを決意しているなら、「変わりたい自分」が作ってきた人脈のお誘いを断ってでも、ゴール達成を優先すべきなのです。多くの人がこれができません。でも、先に問題を予測し、解決策を準備してその解決策を実践すれば、問題を乗り越えられる可能性が高くなります。

問題が発生したら、その問題への対応を優先します。そして優先順位が上がると、ゴールのことを忘れてしまうのです。先にも書きましたが、目標達成できない一番の理由は「忘れる」です。忘れないための工夫として、予測と準備を行なうわけです。

問題と解決策を出せたら、「もし」から始まる一文にまとめます。今回の食事の誘いを受けるという事例でいえば、こんな感じです。

・もし、食事のお誘いを受けたら「先約があるから」とお断りをする

こうした一文をなるべくたくさん作ってみてください。順序は、まず問題を洗い出す。次に解決策を洗い出す。そして、一文にまとめてください。

以下、今日のお題になります。

❶ ゴール達成に向けて現れるかもしれない問題とその解決策を次ページに書き出してください。

❷ ❶で出した問題と解決策を「もし」から始まる一文にまとめて次ページに書いてください。

❸ 今日を振り返ってよかったことを次ページに3つ書いてください。

❹ 今日を振り返っての気づきや感想を次ページに自由に書いてください。

それではまた、明日お会いします。

Day 09　月　日（　）

1 ゴール達成に向けて現れるかもしれない問題とその解決策を書き出してください。

2 1で出した問題と解決策を「もし」から始まる一文にまとめてください。

・

・

・

3 今日を振り返ってよかったことを3つ書いてください。

1.

2.

3.

4 今日を振り返っての気づきや感想を自由に書いてください。

Week 02

Day10 自分の失敗パターンを振り返る

昨日で、「もしかしたら発生するかもしれない問題」に対する準備もできました。問題が発生しなかったら、もちろん、発生したとしてもゴール達成ができる状態になったわけです。取り組んでいる中で、昨日書いた以外の問題が発生したのであれば、「問題予測の力が足りていない」ということになります。問題を洗い出したことによって、達成が不可能であると見えたのであれば、遠慮なくゴールを変えてください。

さて突然ですが、質問です。

Day08で書いたゴールをすぐに口に出すことはできるでしょうか？ **口に出せたら「覚えている」ということになりますし、口に出せなかったら「覚えていない」つまり「忘れている」となります**。

何度も何度もお伝えしていますが、目標を達成できないのは、「忘れる」からです。忘れているから行動しない。行動しないから達成できない。文字にしてみると当たり前のことですが、私たちは忘れてしまうのです。

「流れ星が見えたら、3秒以内にお願いをすると叶う」というお話がありますが、これはそのお願いごとが自分の中心にあるからこそできるわけです。私たちは忘れてしまうことを前提にして、物事を進めなければいけません。本書では、忘れないための工夫、覚えるための工夫をあちこちに入れています。

今日のテーマは「自分の失敗パターンを振り返る」としました。過去を

振り返ってみると、失敗パターンは似通っているのです。たとえば、

・目標を設定しても忘れてしまっていた
・スタート時点でがんばりすぎて、息切れしてしまって、気づいたらやらなくなっていた
・人に褒められることが目的になってしまっていた
・なぜか体調不良になることが多い
・まわりから「そんなにがんばらなくてもいいんじゃない？」と言われて、その言葉に甘えてしまった
・先に入れていた予定を忘れて計画を立ててしまっていた

など、過去の失敗パターンをいったん時間を取って振り返ってみてほしいのです。パターンになっているということは、今後も確実に現れます。

しかし、あなたはその対処法をすでに学ばれています。それは「もし、もう一度やり直せるなら……」という、Day07でやった質問です。今のあなたは、過去の失敗したあなたよりはるかに成長しているはずです。「今の自分だったら、あのときの失敗に対してこうしている」というのを洗い出してほしいのです。

過去の失敗をそのまま放置しておいたら、本当の失敗に終わります。しかし、過去の失敗から得た経験や学びをこれからに活かして、それが成功につながるのであれば、「過去の失敗は成功するために必要だった」と、捉え方を書き換えることができるのです。

「失敗を思い出すのはつらい」――確かにそうかもしれません。でも、その失敗をそのままにしておいたのが、「変えたい自分」ではないでしょうか？その失敗を活かせる自分に変わりたいのであれば、つらくても失敗と向き合わなければいけません。

過去の失敗はすべて未来に活かすための教材です。あなたが失敗だと思っ

ていることを洗い出してみて、今の自分だったらどう対応するかを考えてみてください。

成功すれば報酬が得られます。仮に失敗しても、成長と学びが得られます。行動を起こせば、成功か失敗か結果は出ますが、どちらに転んだとしても、あなたには得られるものがあるのです。

しかし、失敗を恐れて何もしなかったら、失敗はありませんが、成功もないですし、失敗から得られる成長も学びもありません。成長がないということは、向かう先は衰退です。

お題から逃げて衰退する自分を選ぶのか、それとも失敗に向き合って成長する自分を選ぶのか。どちらを選ぶのもあなたの自由であり、その選択があなたを、そしてあなたの人生を作っていくのです。

今日のお題は以下になります。

1 過去の失敗を取り上げて、今の自分だったらどうするかを次ページに書いてみてください。

2 その失敗に共通しているパターンを見つけて次ページに書いてください。

3 今日を振り返ってよかったことを次ページに3つ書いてください。

4 今日を振り返っての気づきや感想を次ページに自由に書いてください。

それでは、また明日お会いします。

Week 02

Day 10　　　　月　　日（　）

1 過去の失敗を取り上げて、今の自分だったらどうするかを書いてみてください。

2 その失敗に共通しているパターンを見つけてください。

・
・
・

3 今日を振り返ってよかったことを3つ書いてください。

1.
2.
3.

4 今日を振り返っての気づきや感想を自由に書いてください。

Week 02

Day11 現状維持メカニズムに気づいていますか?

10日すぎて、11日目に入りましたね。昨日、一昨日の2日で発生するであろう問題点も洗い出し、対策もできているので、今週設定したゴール達成に向けて順調に行動できていると思います。

今日のテーマは、本書の冒頭で書いた「現状維持メカニズム」です。気づいているかもしれませんが、行動を止めてしまう問題の正体は、現状維持メカニズムです。あなたが「成功したい」「目標を達成したい」「自分を変えたい」と思っていても、もう1人の自分は、あなたを変化から守るため、なんとかして現状を維持させようと、いろいろな問題を目の前に登場させて、私たちを試してくるのです。

講座受講者の事例を1つ紹介します。講座期間中に、禁煙に挑戦した男性がいらっしゃいました。1日20本以上のペースで吸っていたので、健康のことを考えて、やめたいと常々思っていたそうです。

実際に禁煙を始めると、職場のタバコ仲間が「そんなの明日からやったっていいじゃない」とか「どうせ禁煙したって、続かないんだから吸いに行こうぜ！」って、ひっきりなしに誘ってきたそうです。彼はがんばって断りつづけていたのですが、2週間後、会議でアイデアに煮詰まって、「会議室じゃいいアイデア出ないから、タバコを吸いながら考えよう」というお誘いに乗り、気づいたらタバコに火をつけて吸っていたというのです。

アイデアを出すことに意識が使われていて、禁煙していることを忘れてしまっていたのです。そして、タバコに火をつけた瞬間に気づいたのです。

「吸ってしまった……せっかくここまでガマンしてきたのに……もういいや」とヤケになってしまった彼は、この日に何本もタバコを吸ったのです。

私はタバコを一切吸ったことがないので、その感覚がまったくわからないのですが、「生きていてよかった。やっぱりタバコは人生に必要なんだ。なんで禁煙なんてしようと思ったんだ」と、感激したそうです。しかし、その感激は長く続かず、自分との約束を破ってしまい落ち込んだ彼は、その夜、喫煙したことを正直に報告してくれました。

「それが現状維持メカニズムですよ。禁煙から2週間、それまで1日20本ペースで吸っていたんですから、それに無意識の自分は慣れているのです。だから、なんとかして吸わせようとあの手この手で働きかけてきます。
今日は吸ってしまったといっても、5本くらいですか？ ということは、この2週間で280分の5、56分の1まで抑えられたんですから、すごいことですよね。タバコを吸うのはかまわないですよ。でも、タバコを吸いつづけるデメリットとタバコをやめるメリットと、どちらを選ぶのか、それはあなたが決めていいんですよ」

「確かに吸った瞬間は感激したんですけど、結局アイデアも出なかったし、禁煙を決めた自分との約束を守れなくて、落ち込みのほうが激しかったです。でも、なんであの瞬間に禁煙のことを忘れてしまったのか……」

「やってしまったものは仕方ありません。今回のことから現状維持メカニズムのことが学べたのですし、『もし、もう一度やり直せるなら』で、同じことを繰り返さないことが大事ですよ。急激に減らしすぎたことも要因ですので、1日に1本まではOK、それができたら週に3本まではOKと、徐々に減らしていってもいいかもしれませんね」

結果として、彼は講座が終わる2カ月後には禁煙に成功しました。吸わないことにもう1人の自分が慣れていったんですね。

さて、ここで疑問に思ったかもしれません。「どうして横川さんは失敗するのがわかっていたのに、最初から徐々に減らすことをアドバイスしなかったのか？」

理由は簡単です。自ら気づいていただくためです。先に「現状維持メカニズムがやって来るから」と対策を教えてしまっては、学びになりません。

人は失敗を繰り返しながら、成長していくものです。失敗したことは仕方がないことです。その失敗から何を得るのか。ご自身の人生を振り返ってみても、成功よりも失敗から学ぶことのほうが多いはずです。

あなたもこの受講者のように、行動を止めてしまうことがこれから先にあるかもしれません。その行動を止めてしまったのは、あなたの意志が弱いからではありません。もう1人の自分による現状維持メカニズムですので「やっぱり自分はダメなんだ……」と落ち込むのではなく、「もう一度やり直せるなら、どうしようか？」と、自分に問いを投げかけてください。

それでは今日のお題です。

1 これまでの人生で現状維持メカニズムが働いた事例を思い出してみて次ページに書いてください。たとえば、毎日日記をつけていたのに、突然やめてしまったなど。

2 今日を振り返ってよかったことを次ページに3つ書いてください。

3 今日を振り返っての気づきや感想を自由に次ページに書いてください。

それでは、また明日お会いします。

Day 11　　月　　日（　）

1

これまでの人生で現状維持メカニズムが働いた事例を思い出してみてください。
〈例〉毎日日記をつけていたのに、飲み会で帰りが遅くなった日に書くのが面倒になって書かなかった。その日以来、日記を書くのをやめてしまった。

2

今日を振り返ってよかったことを3つ書いてください。

1.
2.
3.

3

今日を振り返っての気づきや感想を自由に書いてください。

Week 02

Day 12 あなたが思う「世界で起こっている問題は」？

今週も残り3日となりました。必ず達成する目標の進捗はいかがでしょうか？　あと3日もありますから、大丈夫だと思いますが、1日前、2日前には終えられると心に余裕を持って達成できる自分になれますね。

昨日は過去を振り返っていただき、ご自身の現状維持メカニズムに気づいていただきました。日々の行動の積み重ねは、現状維持メカニズムを慣らしていくことも兼ねています。

たとえば、ダイエット後に多くの人に訪れるリバウンドを現状維持メカニズムの観点から考えてみましょう。急激にダイエットに成功したとしても、現状維持メカニズムはその痩せた状態に慣れていないので、危機を感じて元に戻そうとします。これがリバウンドですね。

「これだけ痩せたんだから、食べても大丈夫だろう……」「がんばった自分にご褒美」という天使のような悪魔のささやきが何度も何度もやって来ます。そして、そのささやきに説得されて、ダイエット期間中以上の量を食べてしまって、結果、リバウンドしてしまうわけです。

じゃあ、どうすればいいのか？　体重を落とすことを目標にするのではなく、現状維持メカニズムがやって来ることを想定して、目標体重をキープする期間を設ければいいのです。目標体重に落とすのは中間ゴールであって、本当のゴールはその先にあるのです。この現状維持メカニズムの考え方を知っておけば、目標設定も変わってきますし、目標に向けた行動も変わっていきますよね。

さて、今日からお題がまったく違ったものになります。これまではご自身のことでしたが、一気に視野を広げて、世界の問題を取り扱います。

「自分のことだけで精一杯なのに、なんで世界のことなんて考えないといけないんだよ……」「世界のことなんて、自分じゃなくて、総理大臣とか各国の大統領とか首相とか、そういう人たちが考えることでしょう？」と、きっと思われることでしょう。

私たちはこの世界に生かしていただいているにもかかわらず、起こっている問題は自分には関係ないと思ってしまっている。この世界は循環してまわっているにもかかわらず、自分の範囲のことしか考えていない人がほとんどです。だから、奪い合いが起こります。

もし、世界中の人が全員、世界のことを考えたら、奪い合いのない、与え合う世界が実現します。もちろん、現実的には世界の問題を考えたところで、私たちに解決はできないかもしれません。

だからといって、人まかせにしていたら永遠に解決されることもありません。「できないからやらない」ではなく、できることを見つけてやったらいいのです。私にできることの1つは、あなたに「世界のことを考えてみよう！」と、お題を出して考えていただき、回答してもらうことです。

私たちから徐々に徐々に世界のことを考える人たちが増えていったら、「やがては人まかせにする人がいなくなり、全人類がお互いのことを考えるような世界になる」と、私は信じています。

また、**私たちの身体は不思議なもので、自分のことだけでなく、他人のこと、その人数が多ければ多いほど、力を発揮できるようにプログラミングされています**。

試してほしいことがあります。誰か相手を見つけて、空中で腕相撲して、

「私は自分のためにがんばります」と口にしたときと、「私は世界のためにがんばります」と、口にしたときとでは、どちらのほうが力が出たのか、相手に教えてもらってください。自分より世界のことを思うほうが力が出ることを体感していただけるはずです。

実際に書き出す際に長考は不要です。1分でいいです。考えれば、考えるほどいろいろな問題が出て来ます。長考しなければ出て来ないような問題は、常に自分の頭の中にあるものではありません。あなたが問題だと思っていることを1分で思いつくだけ出してみてください。

なお、注意点として回答の際には、「私が思うに」という枕詞を必ずつけてから始めてください。あなたにとっては問題だと思っていることでも、ほかの人からしてみれば問題ではないということもあります。今回のお題は、「あなたが」思っている問題を書き出していただきますので、枕詞を必ずつけて記述をお願いします。

それでは今日のお題です。

❶ タイマーを1分セットして、あなたが考える世界の問題を次ページに「私が思うに」から書き出してください。

❷ 今日を振り返ってよかったことを次ページに3つ書いてください。

❸ 今日を振り返っての気づきや感想を次ページに自由に書いてください。

それでは、また明日お会いします。

Day 12　　月　　日（　）

1　タイマーを1分セットして、あなたが考える世界の問題を「私が思うに」から書き出してください。
〈例〉私が思うに、人類全員が世界の問題を考えていないことが問題だ。

2　今日を振り返ってよかったことを3つ書いてください。

1.
2.
3.

3　今日を振り返っての気づきや感想を自由に書いてください。

Week 02

Day13 問題を放置しておくとどうなりますか?

今週も残り2日です。Day08で設定したゴールは達成されたでしょうか？「達成できていたら、花丸をつけてくださいね。もし、まだでしたら、明日は達成させるための行動を最優先にしてください」と、この段階で達成できていない過去の受講者に伝えると、こんな反応がありました。

「明日はどうしても外せない仕事が入ってしまって……」
「明日は家族との予定を入れてしまっていて……」

もちろん、先に入っていた予定もあるでしょう。でも、その予定を入れたのは、あなたが変えたいと思っているご自身ですよね？　先約を優先するのは、あなたは「変わらない」ことを選択するのと同じなのです。

現状維持メカニズムは、あなたが変わらないように先回りして、問題を用意してくれているわけです。面白いでしょう？

そもそも、そうなることを想定して、Day09で問題と解決策を洗い出しています。そして、Day10では、変えてもいいということをお伝えしています。もし、今のこの時点で達成不可能になっているのであれば、きちんと読めていなかったか、わかったつもりになっていたか、のどちらかです。

まだ時間は残されています。今日のお題を終えたあと、すぐに取りかかってもいいわけです。どれだけ自分の決めたゴールにこだわれるのか？　それが現状維持メカニズムによって試されています。

逆にすでに達成されている場合、ここまでの文章は他人事に感じられたと思います。「もう達成しているし、なんで達成してない人向けの文章を読まないといけないんだ！」と、思ったかもしれません。

「人の振り見てわが振り直せ」と、昔の人はことわざを作って、教訓を残してくれました。現状維持メカニズムがどういうところに現れるのか、この事例を通して理解していただきたいのです。

毎日の私の文章は文字量が限られています。本当はたくさんあなたにお伝えしたいことがあるのですが、ページ数の都合もあって、すべてを載せることができません。なので、本当に必要なことだけに絞りに絞って、あなたにお伝えしています。ムダな言葉は1つもないと言い切れます。

だからこそ「自分には関係ないや……」なんて思ってほしくないのです。同じような経験をあなたも持っているはずですし、これからも訪れることでしょう。だからこそ、これを知っておくことによって、今後の目標に対する締切設定や予定の立て方も変わり、より成功確率の高い目標を立てることができます。

それでは今日のお題に入っていきます。昨日は「あなたが思う世界で起こっている問題」について書いていただきました。いろいろな人に回答していただきましたが、ほとんど共通しています。特に多かったのがこの5つです。

・核戦争が起こるかもしれない
・貧富の差がますます激しくなっている
・自然破壊がすさまじい、温暖化が止まらない
・人種差別が止まらない
・生きることに希望を失っている人がいる

あなたもこの中のどれかを問題として取り上げられたことと思います。では、あなたが挙げた問題を解決せず、ずっと放置されたままだったら、未来はいったいどうなるでしょうか？　これが今回のお題です。

私たちが今生きていられるのは、顔も名前もわからない、無数のご先祖様たちが残してくれた遺産があるからです。そのご先祖様たちから受け取った遺産をさらにいいものにして次世代以降の子孫に渡すことが、今を生きる私たちの使命の1つです。

しかし、そんなことを考えながら日常をすごしている人がどれだけいるでしょうか？　みんな今を生きるのにいっぱいいっぱいで、子々孫々のことに思いを馳せることなんてできていません。でも、こうやってお題にすることによって、この瞬間、少なくとも私とあなたは、子々孫々のことに思いを馳せることができています。

こうやって思いを馳せることのできる人を1人でも増やしていく。それが問題解決に向けて私ができることの1つです。

それでは今日のお題です。

❶ Day12であなたが出した問題を解決せずに、そのまま放置しておいたら、未来はいったいどうなるでしょうか？　タイマーを3分セットして、次ページにあなたが考える未来を「私が思うに」から書き出してください。

❷ 今日を振り返ってよかったことを次ページに3つ書いてください。

❸ 今日を振り返っての気づきや感想を次ページに自由に書いてください。

それでは、また明日お会いします。

Week 02

Day 13

月　　日（　）

1

Day12であなたが出した問題を解決せずに、そのまま放置しておいたら、未来はいったいどうなるでしょうか？　タイマーを3分セットして、あなたが考える未来を「私が思うに」から書き出してください。

2

今日を振り返ってよかったことを3つ書いてください。

1.
2.
3.

3

今日を振り返っての気づきや感想を自由に書いてください。

Week 02

Day14 Week02の振り返り

2週目もお疲れ様でした。Day08で立てたゴールは達成できたことと思います。ゴールが達成できたということは、あなたは「文字化した思考を現実化した」ということになります。おめでとうございます。

ただ、こうやってお伝えしても、素直に受け取れない人は多いです。なぜなら、Day08で立てたゴールは「絶対に達成できる」という条件がついているからです。「“絶対に達成できる”ことを達成したんだから、現実化するのは当たり前でしょう……」と、あなたも思われるかもしれません。

今週のワークの意図は、現状維持メカニズムを慣らしていくことです。これまでのあなたの現状維持メカニズムは「目標＝達成できないもの、思考＝現実化しないもの」というパターンになってしまっていました。これを「目標＝達成するもの、思考＝現実化するもの」というパターンに置き換えていくのです。

「目標＝達成するもの」と現状維持メカニズムが置き換わったら、達成が難しい状況におちいったとしても、現状維持メカニズムが働いて、達成へと導いてくれるようになるのです。

長年かけて作ってきた現状維持メカニズムをこの49日間で完全に書き換えることはできません。でも、徐々に徐々にその数を増やしていったら、やがては書き換わります。

「それはいったい、いつ変わるんでしょうか？　そのタイミングがわかったら、やる気が出るんです。ゴールが見えないものに対してはやる気が出ないので、がんばれません」と、ある受講者から言っていただいたことがあります。もしかしたら、あなたも同じようなことを思ったことがあるかもしれませんが、ゴールが見えないものに対してやる気が出ないから、がんばれないんじゃないのです。変わりたくないから、変わらないための理由を現状維持メカニズムが思いつかせてくれて、それに説得されているだけです。

あらかじめ答えを用意してもらっている環境で私たちは育ってきました。だから、誰かが答えを用意してくれるのは当たり前だと思っていますし、その答えが用意されないと、不安になったり、イライラしたり、ときにはそのイライラをぶつけて相手から答えを与えてもらおうとします。

その思考のクセを変えていくためには、自分で未来を設定して、その未来を自分の行動で現実化させる経験を積み重ねるしかありません。**まずは絶対に達成できることから始めて、徐々に徐々に難易度を高めていったらいいのです**。

来週以降は1週間のゴールをお題としては出しませんが、ぜひご自身で設定されて、ゴール達成をして、「思考は現実化することができるんだ」という経験を積み重ねてください。

一方で、もし、ゴールを達成できなかったとしても、落ち込んではいけません。「自分の見積もりが甘かった」とわかったことが大きな収穫です。難易度を落としていいので、来週も引きつづきトライしてください。失敗は成功の母です。今週の失敗を来週に活かして来週成功できたなら、その成功は今週の失敗があったおかげですから、成功へと入れ替わるのです。

やり直しをしなかったら、「私は失敗したら立ち上がらない」という現状維持メカニズムを作ることになります。でも、やり直して成功できたら、「私は失敗しても、その失敗を活かして成功へと変えていける」という現状維持メカニズムを作ることになります。どちらの現状維持メカニズムを作るのかはあなたの自由です。

週の後半では、あなたが思う世界の問題を書き出してもらいました。こうやって世界のことを考える時間をどれだけ取っていたでしょうか？　取っていなかったということは、忘れているということです。

私たちは世界の一部を担っています。世界の一部を担っているということは、私たちの成長は、世界の成長とつながっているのです。

来週はさらに世界とあなたご自身とのつながりを深めていくお題にチャレンジしていただきます。3週目が終わったあとに、あなたは世界とのつながりをより深く感じられるようになっているはずです。その前に、2週目をきちんと振り返って、3週目につなげていきましょう。

今日のお題は以下になります。

❶ Week02を振り返って、よかったことを思いつくだけ次ページに書いてください。

❷ もし、もう一度Week02をやり直せるならどうしますか? 次ページに思いつくままに書いてください。

❸ 今日を振り返っての気づきや感想を次ページに自由に書いてください。

それでは、また明日お会いします。

Week 02

Day 14

月　日（　）

1 Week02を振り返って、よかったことを思いつくだけ書いてください。

2 もし、もう一度Week02をやり直せるならどうしますか?思いつくままに書いてください。

3 今日を振り返っての気づきや感想を自由に書いてください。

memo

Week 03

世界と自分はつながっている

Week 03

Day15 あなたが理想とする世界はどんな世界ですか？

3週目に入る前に、Day13で書いたものをもう一度読んでみてください。おそらく「人類滅亡」とか「地球が破壊されている」など、想像もしたくないような未来が書かれているのではないでしょうか？

同じ質問を子どもたちにしても、同じような回答が返ってきます。しかし、「このままいくと人類が滅亡してしまう……」という危機感を持って、日々生活できている人はほとんどいません。こうやって書いている私自身も、すっかり抜け落ちてしまっていることが多いです。

「人類は危ない方向へと進んでいる……」というのは、わかっていても、どこか他人事で、それが自分事になっていない人がほとんどです。自分事になっていないから、「誰かがなんとかしてくれるだろう……」と、根拠もない期待をして、指をくわえて待っている状態になっているのです。

「じゃあ、横川さんは自分事として捉えて、何をやっているんですか？」という、もっともな疑問が出ると思います。私がやっているのは、本やセミナーなどでの情報発信を通じて「自分のことだけじゃなく、世界にも目を向けてみよう！」と、伝えていくことです。

こうやって3週目にトライされているあなたは、世界で起こっている問題を自分事として捉えようとされていますよね。そうでなかったら、先週の時点で離脱してここを読んでいませんからね。

そもそも、なぜ問題が見えているのでしょうか？　何度もお伝えしていますが、**問題とは理想と現実のギャップです**。世界の問題が見えることは、あなたは「理想の世界を持っている」ということです。もし、理想の世界を持っていなかったら、現実とのギャップに気づくことはありません。問題が現れると、その問題に焦点が当たりがちですが、その問題を解決した先にある理想を明確にして、そこに焦点を当てていきたいのです。

現時点で思う理想の世界を思うがままに書き出してみてください。

私が理想とする世界は、1人1人が大切な人を幸せに導くために、自分の持っている豊かさを分け与えている世界です。そう、大切な人の筆頭は自分自身です。自分が幸せを感じられていないのに、他人を幸せに導くなんてできません。じゃあ、幸せを感じるにはどうしたらいいのか？　自分が持っている豊かさを知り、そして、その豊かさを分け与えることです。

豊かさを分け与える前には、自分の持っている豊かさを知る必要があります。自分の持っている豊かさを求めている人に分け与えて、自分も足りない部分を他人の豊かさから与えていただく。世界中の人たちが、「自分が持っている豊かさを分け与えるのが当たり前」と考える世界ができたら、子々孫々に素晴らしい世界が残せると信じています。

あなたがどんな豊かさを持っているのかは、Week04でじっくりと洗い出していきますので、楽しみにしていてください。

今回のお題も思うがままに書いてみてください。「こんなことを書いてしまって笑われないかな……」とか、不安もきっと出て来るでしょう。でも、不安の正体は……もうおわかりですよね。現状維持メカニズムです。

これまでのあなたは世界のことをほとんど考えることなく、ご自身のことで精一杯の生活を送られてきたと思います。現状維持メカニズムはそれに慣れてしまっていますから、「世界のことなんて考えても…」という言い訳をたくさん頭の中で思いつかせてくれます。手が進まなかったり、文字にできなかったり、という現象もおそらく発生するでしょう。その場合は、頭の中で思っていることをそのまま書いてもらってもOKです。

「理想の世界？　そんなの思いつかないよ……。“持っている”と言われたって、これまでほとんど考えたこともなかったし、そもそも書き出して何の意味があるの？　理想の世界を書いて人生が変わるんだったら、とっくにやってるって。あっ、でも、理想の世界を考えようなんて思ったこともない……。思ったこともないことをやろうなんて、そもそもないよな……理想。理想かぁ……う～ん……叶うことはないかもしれないけれど、戦争がなくなって、いじめもなくなって、人と人が助け合うような、そんな世界にいられたら幸せだろうなあ……」

こんな風に書きつづけていくと、理想の世界を文字化することができるようになります。もし理想の世界の文字化までたどり着かなかったとしても、こうやって自分に問いを投げかけて文字化することが、理想の世界への第一歩になります。ぜひ、回答欄をいっぱいにすることを目標に書いてください。

今日のお題は以下になります。

❶ あなたが考える理想の世界はどんな世界ですか?
次ページに書いてください

❷ 今日を振り返ってよかったことを次ページに3つ書いてください。

❸ 今日を振り返っての気づきや感想を次ページに
自由に書いてください。

それでは、また明日お会いします。

Week 03

Day 15　月　日（　）

1 あなたが考える理想の世界はどんな世界ですか?

2 今日を振り返ってよかったことを3つ書いてください。

1.
2.
3.

3 今日を振り返っての気づきや感想を自由に書いてください。

Week 03

Day16 理想の世界を現実化させるキーパーソンは誰?

理想の世界を書いてみていかがだったでしょうか？　最初は思いつかなかったとしても、書いているうちにだんだんと自分の思いがそこに現れてきたはずです。もしかしたら、思いつかなかったり、書き切れなかったりしたかもしれません。

最初からスラスラ書ける人なんてほとんどいません。スラスラ書ける人は普段から考えているからであって、逆に普段から考えていない人は、なかなか書けないものです。悔しいかもしれませんが、その悔しさがあなたの力になりますし、問いかけたことによって、たくさんの考えが思いつくようになっています。トイレの中だったり、お風呂の中だったり、ふとしたときに思いつきますので、それを必ずメモに残しておいてください。

このお題は一度で終わりではなくて、何度も何度もアップデートしていくものです。何もしない時間ができたら、ぜひ理想の世界について考える時間に当ててみてください。理想の世界が明確になっていけばいくほど、あなたの力を引き出してくれます。

ところで、あなたは「目的と目標」の違いをきちんと定義づけられているでしょうか？　似たような言葉ですが、多くの人がこの2つを混同させています。**目的とは読んで字のごとく「目指す的(まと)」であり、何を目指しているのか、何のために行なっているのか？　その最終ゴールです。一方で目標とは、目指す的に進む過程における道案内の標識のようなものです。**図に表すと次のようになります。

ここでいう目的は理想の世界と同義です。理想の世界を現実化させるために、その途中過程で目標を設定し、目標を1つ1つ通過していくのです。

「燃え尽き症候群」という言葉があります。たとえば、受験生が志望校の合格を目的にがんばって合格したけれども、合格してからのことを考えていなかったため、何をしていいのかわからなくなってしまった、という事例はよく耳にします。

何もこれは受験生だけではなくて、社会人でも起こり得ることです。たとえば、営業の仕事で大きな数字を挙げて、表彰されることを目的にしていた人は、表彰式の間は幸せを感じています。しかし、表彰式が終わると目的がなくなるわけです。「もう一度、あの舞台で……」と、がんばろうとするのですが、身が入りません。表彰されるほどですから、まわりからの期待度も高く、プレッシャーも感じます。「もう一度あの舞台へ……行動しなければ……」と、頭ではわかっているのに、身体が動いてくれません。結果として、数字を挙げることができなくなり、まわりからの目も気になってしまって、辞めてしまうということもあります。

志望校に合格することも、営業で素晴らしい成果を出すことも、どちらもその先にある目的のための通過点のはずです。しかし、その目的を明確にしていないと、目標が目的となってしまい、達成したあとの未来が見えなくなってしまうのです。

なぜ理想の世界を設定する必要があるのでしょうか？　それは自分の行き先、つまり目的を明確にして、自分を見失わないためです。理想の世界を現実化させるために、「志望校に合格する」という目標を設けたり、「営業で成果を出す」という目標が生まれてくるのです。

とはいえ、理想の世界を文字に落としただけでは、現実化されることはありません。その世界を現実化させるためには行動しなければいけません。

では、その世界を現実化させるためのキーパーソンは誰でしょうか？　また、それを現実化させるためにどのくらいの思いがあるでしょうか？　いつから取り組んでいくのでしょうか？　その理想の世界は、もしかしたら、あなたが生きている間に現実化されないかもしれません。でも、現実化されなかったとしても、一生を賭けてでも成し遂げたいことをあなたはここで手にしたわけです。

「もう歳だから……」と、年齢を理由に能力が下がっていると思い、あきらめる人がいます。むしろ逆です。確かに昔の自分と比べたら、体力や筋力は衰えているでしょう。でも、知識や経験はどうでしょうか？　昔と比べたら、できることがいっぱい増えているはずです。人間は何歳になっても成長していく生き物だと、私は確信しています。

今日のお題は以下になります。

1 あなたが考える理想の世界を現実化させるキーパーソンは誰ですか?　次ページに書いてください

2 理想の世界を現実化させるために、何パーセントの思いで、いつから取り組みますか? 次ページに書いてください

3 今日を振り返ってよかったことを次ページに3つ書いてください。

4 今日を振り返っての気づきや感想を次ページに自由に書いてください。

それでは、また明日お会いします。

Day 16　　月　　日（　）

1 あなたが考える理想の世界を現実化させるキーパーソンは誰ですか?

2 理想の世界を現実化させるために、何パーセントの思いで、いつから取り組みますか?

・何パーセント？

・いつから？

3 今日を振り返ってよかったことを3つ書いてください。

1.

2.

3.

4 今日を振り返っての気づきや感想を自由に書いてください。

Week 03

Day 17 今あなたの前に立ち塞がっている問題や障害は?

昨日のお題は1週目にも取り組みましたね。実質2回目になるので、ここまで続けられているあなたは「自分・100パーセント、もしくは100パーセント以上・今から」と書いてくださっていると思います。

もし、キーパーソンを他人にしているなら、その他人を動かすためのキーパーソンは、やっぱり自分になります。100パーセント未満の数字を出すなら、本気で取り組まないわけなので、現実化されるはずがありません。今から取り組まないなら、いったいいつから取り組むのでしょうか?

この回答ができる人は、理想の世界の現実化を自分事に落とし込めている人です。世界の問題を捉えて、それを問題と思っているのは自分です。「こんな世界を現実化させたい」と、理想を持っているのも自分です。

自分が問題と思っていることしか自分には解決できません。問題を見つけたということは、それを解決することが自分に与えられた役割なのです。

しかし、残念ながら多くの人は、問題が見えていたとしても、その解決を「今の自分では解決できることではない」と、他人に押しつけてしまいます。今の自分では根本的な解決はできないかもしれませんが、できることを見つけてそれに取り組んでいったらいいのです。

「**自分が見つけた問題を100パーセント、自分が主体的になって解決する**」という人が増えていったら、世界に問題が起これば起こるほど、人類はより良い形に、パワフルに進化していきます。

78ページでも書きましたが、私にできることは、本など情報発信を通じて、この考え方を1人でも多くの方にお伝えすることです。問題の解決を他人まかせにするのではなく、自らが積極的に動いていく人が増えていったら、1人1人が理想とする幸せに早く近づけると思っています。

さて、これまでは世界の問題について考えてきましたが、今回は、今自分の目の前にある障害や問題について考えていきます。理想の世界に近づくためには、目の前に現れる障害や問題を一歩一歩クリアしていかなければなりません。逆を言えば、「目の前の障害や問題をクリアできなかったら、理想の世界の現実化もない」ということです。

あなたの目の前にある障害や問題の先に、理想の世界が存在しています。ということは、目の前にある障害や問題は、理想の世界とつながっているということを忘れないでほしいのです。

ここのつながりを忘れてしまうと、もう1人の自分、つまり現状維持メカニズムが止めに来ます。たとえば、こんな言葉を思いつかせます。

「理想の世界？　はあ？　そんなの追い求めている人なんていないよ。そんなにがんばったって、実現するわけないんだし、これまでだって、自分が解決しなくたって、なんとかなってきたでしょ？　もっと楽しいことがあるんだから、そんなにがんばらなくてもいいんじゃない？」

まさにごもっともですよね。でも、その選択が今の自分を、そして、今の自分の人生を創ってきたわけです。この現状維持メカニズムの甘いささやきに乗ってしまったら、自分も人生も変わることはありません。

自分の目の前にある障害や問題をクリアした先に、理想の世界があることを常に意識できていると、問題を解決すればするほど、理想の世界に近づいていることを、現状維持メカニズムに働きかけることができます。現状維持メカニズムは体調不良などたくさんの抵抗を示してきますが、そのうちに、理想の世界を作ることが当たり前になり、行動を止めようとすると、それをストップさせてくれるように働いてくれるのです。

現状維持メカニズムは急激には変わりません。小さな日々の行動の積み重ねによって徐々に徐々に変わっていきます。現状維持メカニズムを味方につけるためにも、目の前にある障害や問題をクリアしていくことをやっていきます。

いろいろな障害や問題があなたの行く手を立ち塞いでいることでしょう。まずはそれを次ページの回答欄を埋め尽くすように書いてください。

書き出したら、最も解決すべき問題を1つ選んで、その解決策を考えてください。そして、その解決策の中の1つを明日、行動に移してください。その一歩があなたの理想の世界へとつながっていきます。

今日のお題は以下になります。

❶ あなたの目の前にある障害や問題を思いつくまま書き出し、次ページの回答欄を埋め尽くしてください。

❷ ❶で書いた問題の中で、最も解決すべき問題を1つ選び、解決策をいくつか考え、明日その中の1つを実行に移してください。

❸ 今日を振り返ってよかったことを次ページに3つ書いてください。

❹ 今日を振り返っての気づきや感想を次ページに自由に書いてください。

それでは、また明日お会いします。

Week 03

Day 17　　月　日（　）

1　あなたの目の前にある障害や問題を思いつくまま書き出し、以下の回答欄を埋め尽くしてください。

2　1で書いた問題の中で、最も解決すべき障害や問題を1つ選んで、解決策を考え、明日その中の1つを実行に移してください。

解決すべき障害・問題：

解決策：

3　今日を振り返ってよかったことを3つ書いてください。

1.

2.

3.

4　今日を振り返っての気づきや感想を自由に書いてください。

Day18　3年後の理想の自分は?

昨日は目の前にある障害と問題を書き出していただき、最も解決すべきことを1つ取り出し、解決策を考えていただきました。そして、今日はその解決策を行動に移されて、これを読まれていると思います。

本のページ数の関係で、お題にはしませんでしたが、問題を洗い出したときに同時に考えておいていただきたいのが、「もし、その問題を放置したままだったら、最悪どんなことが起きるのか？」という質問です。その理由を読んでいただく前に、10秒間考えてみてから次に進んでください。

これを考えていただくと「放っておいても困らない」という回答がよく出て来ます。最も解決すべき問題を選んでいただいているにもかかわらず、です。とすると、「"放っておいても困らない"問題をすぐに取り組む必要があるのか？　もっとほかに解決すべき問題があるのではないか？」という思考に切り替わります。

と、同時にこういう視点でも考えてみてほしいのです。

「最も解決すべき問題を今の自分の視点で選んだのか？　それとも、未来の自分の視点で選んだのか？」

昨日のお題ではあえてどの視点で選ぶのかをお伝えしていませんでした。それはあなたがどの視点で物事を考えて選択しているのかを認識していただくためです。

もし、今の自分の視点で選んだのであれば、行動を積み重ねていっても、あなたに大きな変化をもたらす可能性は低いです。なぜなら、今の自分の視点で選んで行動している以上、強化されるのは「今の自分」だからです。

今の自分の視点で選ぶのか？　それとも、未来の自分の視点で選ぶのか？この認識がなかったら、つまり、無意識だったら、私たちは「今の自分の視点」で選択してしまうのです。

「行動しているんだけど、なかなか変われない……」というのであれば、その行動の選択基準が「今の自分の視点」になっていないかを確認してほしいのです。

では「未来の自分」とは、いつの時点の自分を想像すればいいのでしょうか？　理想の世界を現実化させたときの自分になり切れればいいのですが、今週の初めに考えた理想の世界は生まれたてのアイデアですので、もっともっと磨いていく必要があります。

そこで、「3年後の理想の自分」になり切って、選択することをおすすめしています。別に3年後でなくても、1年後でも、2年後でも、5年後でも10年後でもかまいません。未来の自分を基準に選択することです。

しかし、理想の自分を出すのは、抵抗があると思います。

「理想の自分を出したからには、実現させなければいけない……その理想に近づくように日々努力しなければいけない……」

という義務感に襲われたり、

「これまでできていないから、今回もできないかもしれない……」という不安に襲われたりするでしょう。

この義務感や不安が、あなたにとっての一番の障害であり、これらをどう解決するかが一番の問題ではないでしょうか？

しかし、あなたは今のままの自分では満足できないからこそ、この本にここまでトライされているはずですよね。理想を書いても、現実化できないかもしれません。でも、書かなかったら現実化されることはないのです。

勇気を出して3年後の理想を書いてください。その理想を書くことが、障害克服、問題解決への第一歩となりますし、「ここで書いたものを修正してはいけない」ということはありません。「違うな……」と思ったら、どんどん修正してください。

これまでのあなただったら、逃げていたかもしれないことに、あなたは挑戦したのですから、書き出すだけであなたはこれまでの自分とは違う自分へと進化していることになるのです。

今日のお題は以下になります。

❶ 3年後の今日、どんな理想の自分になっていたいですか?
次ページの3年後の日付を埋めたあとに思うがままに書いてみてください。

❷ 今日を振り返ってよかったことを次ページに3つ書いてください。

❸ 今日を振り返っての気づきや感想を次ページに自由に書いてください。

それでは、また明日お会いします。

Week 03

Day 18　　　　月　　日（　）

1　3年後の今日、どんな理想の自分になっていたいですか?
3年後の日付を埋めたあとに、思うがままに書いてみてください。

・3年後の(　　　　　　)年(　　)月(　　)日の理想の自分

2　今日を振り返ってよかったことを3つ書いてください。

1.
2.
3.

3　今日を振り返っての気づきや感想を自由に書いてください。

Week 03

Day19 死亡年月日を決める

昨日のお題は、なかなかペンが進まなかったかもしれませんね。理想の世界であれば、遠い未来のことなので、現実化できるかどうかをそこまで気にすることなく書くことができます。でも、3年後となると、日時が決まることもあり、「そんなに突拍子もないことは書けない」というメンタルブロックが働き、なかなかペンが進まないのです。

昨日も書きましたが、「書いた3年後の理想を変えてはいけない」という決まりは一切ありません。日付は変えてはいけませんが、**理想については、これから先の経験を通じて、変わってくるはずです**。もし、変わらないというのであれば、それは「成長がない」ということになりますからね。

昨日のページにも付箋を貼っておいて、Day02で書いた得たい成果とともに、そのページも毎日見るようにしましょう。

ちなみに、得たい成果にはもう手が加えられていますか？　せっかく植物の種を植えたとしても、その種が花を咲かせるまでには、手入れが必要になりますよね。土の中にある種は水をあげて、大事に大事に育てることで、ようやく芽が出てきます。

目標や理想も同じです。ただ掲げるだけでは、土の中に埋めた種は芽を出しません。どんどん積極的に手入れをして、芽を出させましょう。

さて、今日はあなたの死亡年月日を決めていただきます。「絶対はない」と言われているこの世の中で、唯一絶対訪れる未来があります。それは生を受けたものはすべて死を迎えるということです。

それをいつ迎えるのかは、天のみぞ知るところですが、ここではあえて自分で期限を決めてしまいます。終わりを決めることによって、終わりからの逆算で、今何をすべきかが見えてきます。決めてみたらわかりますが、案外と時間は残されていません。

子どもの頃の時間のすぎ方と大人になってからの時間のすぎ方の体感は、何倍も速くなっていますよね。70代以上の方々に年齢ごとに時間の体感を聞くと、20代よりも30代、30代よりも40代、40代よりも50代、50代よりも60代、そして、60代よりも今のほうが時間のすぎるのが速いと言います。

残された時間があっても、年齢を重ねるごとにその体感速度は上がっていくのであれば、思っているよりも時間はないのです。

同時にその亡くなり方も決めてしまいます。「寝たきりになってチューブにつながれた状態になっていたい」と思う人はいないと思います。そうならずに理想の亡くなり方を実現するために、「日々の健康に対する意識や行動を変えないといけない」という意識が出て来るはずです。

亡くなり方を決めたら、さらにもう1つ書いていただきます。これは勝手な想像でかまいません。あなたが亡くなったあとに、かかわった方々からどのように言われていたいかを書いてください。

たとえば、

「お父さんは志に生きた人でした。自分も志を持って、育ててくれた命を精一杯世の中のために使っていきます。ありがとうございました」

「お母さんは陰からたくさんの人たちを支えていた人でした。朝は一番早く起きて、夜は一番遅く寝る生活でも、疲れを見せるどころか、笑顔でか

かわる人たちに元気を与えていました。私もお母さんの血を受け継いでいます。お母さんのように笑顔で人に元気を与える存在になっていきます。ありがとうございました」

というように、かかわった人たちからの視点で書いてください。あなたがかかわった人たちからどう思われたいのか？　それを現実化させるためには、日常生活の意識も行動も変わってきます。

「死を考えるなんて……」と、思われるかもしれませんが、私たちは明日を生きられる保証はない中で毎日を生きています。いつ亡くなったとしても、ここで書いたようなことを言われるような人生にするという意識を持って日々をすごすことによって、生き方も変わってくるのです。

今日のお題は以下になります。

**❶ もし、自分で死亡年月日を決められるのであれば、いつにしますか?　また、その死因はなんですか?
次ページに書いてください**

❷ あなたが亡くなったあとに、かかわった方々からどのように言われていたいですか?　次ページに書いてください

❸ 今日を振り返ってよかったことを次ページに3つ書いてください。

❹ 今日を振り返っての気づきや感想を次ページに自由に書いてください。

それでは、また明日お会いします。

Week 03

Day 19

月　日(　)

1 もし、自分で死亡年月日を決められるのであれば、いつにしますか?　また、その死因はなんですか?

死亡年月日(　　　　)年(　　)月(　　)日　満(　　　　)歳

死因:

2 あなたが亡くなったあとに、かかわった方々からどのように言われていたいですか?

3 今日を振り返ってよかったことを3つ書いてください。

1.

2.

3.

4 今日を振り返っての気づきや感想を自由に書いてください。

Week 03

Day20 この1カ月で達成する目標を決める

前回もこれまで考えたことのなかったお題だと思います。考えたことがあったにしても、文字にすることまでやっている人はなかなかいません。

死後に自分はどう言われていたいのか？　これを考えることによって、日々選択する行動も変わってきます。これまでの行動で、昨日書いたことが実現できるでしょうか？　おそらくはできないと思います。では、どうしたらいいのか？　何をしていけばいいのか？　それを改めて考えるのが、今回のお題になります。

成果は、その達成期日を迎えたときに、達成できたかどうかを明確に判断できるものでなくてはいけません。今回はDay49を終えたときに、どんな成果を得ていたいのかを第三者から見ても「達成可否」が判断できる形で書いていただきます。

たとえば、受験生であれば、合格していれば「達成」になるし、不合格だったら「未達成」です。営業の人であれば、自分で課した数字を超えたら「達成」になるし、超えなかったら「未達成」です。

まず、ご自身の書かれた得たい成果を見直してください。Day49を終えた時点で、第三者が見ても達成可否が判断できるでしょうか？

達成可否が判断できるなら、そのまま今日のお題の回答に使ってください。ここから先は達成可否がわからない成果の事例をどう変えていけばいいのかをお伝えします。

達成可否がわからない成果の事例として、「自信が持てるようになっている」という成果を書かれる方が非常に多いです。

自信が持てるようになっているかどうかは、主観的な判断基準なので、第三者から見ると、達成可否が正確にはわかりません。では、この目標はどうやって達成可否がわかる形に変えたらいいでしょうか？

そのためには、自信を持った状態の自分自身を想像できなければいけません。**その自信を持った自分は、どんなことを達成しているでしょうか？**

たとえば、「毎日このノートの記述ができている」とすれば、達成可否はノートを書いたかどうかで判断ができますよね。「自信を持っている自分は、毎日ノートの記述をしていた」という未来を設定して、その未来を現実化させるのです。

ここのポイントは、「毎日ノートを書いていたから自信を持っている」ではなくて、「**自信を持っている自分は毎日ノートを書いた**」と、逆の表現をしていることです。

行動としては、「毎日ノートの記述をする」という点では変わりません。しかし、前者は「行動を積み重ねた先に自信を持っている」ということになる一方で、後者はすでに自信を持っている自分を設定して、その自分だったら達成していることを書き出しています。

先に自信を持っている自分を設定して、その自分で達成する日まで毎日ノートを書く。これによって現状維持メカニズムを「自信を持った自分」に慣らすこともできます。

1カ月後の自分がどんな自分になっていて、どんなことを達成しているのか？　それを1つ決めて文字化して、現実化していきましょう。

あまり目標を高くするよりも、達成できる可能性が高いことに挑戦されることをおすすめします。先週、1週間で達成できるゴールを達成したのと同じ要領で、今回はその1カ月バージョンを行なってみてください。

まず、Day49を迎える日付を書きます。日付を書いたら、「私は○月○日までに（目標）を達成します」と、目標1つにつき、一文を記入します。目標を書き終わったら、目標から逆算して、その目標を達成するための行動も書いてください。

〈例〉Day49が終わる日付　(3) 月 (13) 日
私は3月13日にDay49まですべてのお題を記入することを達成します。そのために、毎晩歯を磨いたあとにノートを開いて、お題を記入します。

今日のお題は以下になります。

---

1. **Day49が終わった時点でどんな目標を達成するのかを、達成可否が判断できる形で書き、その目標を達成するための行動を次ページに書いてください。**
2. **今日を振り返ってよかったことを次ページに3つ書いてください。**
3. **今日を振り返っての気づきや感想を次ページに自由に書いてください。**

それでは、また明日お会いします。

Day 20　月　日（　）

1 Day49が終わった時点でどんな目標を達成するのかを、達成可否が判断できる形で書き、その目標を達成するための行動を書いてください。

Day49が終わる日付　(　　　)月(　　　)日

(例)私は3月13日にDay49まですべてのお題を記入することを達成

　　します。そのために、毎晩歯を磨いたあとにノートを開きます。

・

・

・

・

・

・

2 今日を振り返ってよかったことを3つ書いてください。

1.

2.

3.

3 今日を振り返っての気づきや感想を自由に書いてください。

Week 03

Day21 Week03の振り返り

3週目もお疲れ様でした。世界と自分とのつながりを感じていただけたでしょうか？　今週書いたことも定期的に見返すことで、自分の問題解決は世界の問題解決につながっているということが腑に落ちてきます。

もしかしたら、この本に取り組んでいなければ、考えなかったようなお題ばかりで、心身ともに疲れを感じているかもしれません。その疲れを心地良いと思えていれば、あなたは自分を変えることに喜びを感じながら日々をすごすことができています。もし、心地悪いと思っているなら、それは現状維持メカニズムの抵抗です。

「心地悪いことを続けていたって、自分がつらくなるだけ……自分らしさがなくなってしまう！」と、思われるかもしれません。でも、続けられない人というのは、「心地悪いから、つらいからやめてしまう」という習慣を繰り返してきています。

現状維持メカニズムは今の自分を維持するように、維持するように働きかけてきます。**心地悪さや疲れというのも、現状維持メカニズムが発するメッセージです**。

公立中学校での陸上競技日本一を13回達成された、「原田メソッド」の原田隆史さんは、円盤投げで日本一を獲った女子生徒が熱を出して、立ち上がれないときも、女子生徒が自分でやると決めた「皿洗い」をさせるように親御さんにお願いしたそうです。女子生徒は立ち上がることができないので、お皿と乾いた布巾を寝ている彼女のところに持って来てもらって、そのお皿を拭いて、その日の皿洗いが完了です。

「皿洗い」を分解すると、最後に来る工程が「お皿を乾いた布巾で拭く」となります。その一部を担ったわけなので、「自分で決めた皿洗いを実践した」ということになります。

体調が悪くてどうしてもできないときであっても、絶対にあきらめずにできることを考えてそれを実践させたわけです。結果として、「自分で決めたことは、あきらめずになんとしてでもやる！」という現状維持メカニズムへと変化しますし、その経験が自分の心を強くし、日本一を決める大舞台でも、いつも通りの実力を出すことにつながったのです。

中学生ができることを大人である私たちができないはずがありません。何か新しいことを始めると、いろいろな抵抗が必ず出て来ます。その抵抗に屈して、行動を止めるのか、それとも抵抗に屈せず、続けるのか、それを決めるのはあなた自身です。

何度も書いていますが、目標達成できない、つまり現実化できない一番の原因は「忘れること」です。行動しないから、行動が足りないから現実化できないのではありません。そもそも現実化したいことを忘れてしまっているから、行動に至らないのです。

今日のお題に入る前に、昨日書いた目標は確認されたでしょうか？　そして、その目標を達成するための行動は実践されたでしょうか？　もし、「忘れていた……」というのであれば、一度読むのを止めて、前のページに戻ってください。

それもまた気づきになります。「ああ、自分って忘れっぽいんだな……」って。でも、安心してください。ほとんどの人が忘れっぽいのです。忘れてしまったことは致し方ありませんし、忘れてしまったという事実は変えることはできません。それをどう今後に活かしていくのかが、自分を変えることにつながっていきます。

各週ごとの振り返りには、**「もし、もう一度やり直せるなら……」**というお題を入れています。振り返ってみて、ダメだったところにたくさん気づきます。私たちは学校教育を通じて、良かったところよりも、ダメだったところに気づくように教育を受けてきました。たとえば、100点を目標としていたテストで90点を取ったとします。あなたが目につくのは、おそらく90点よりも、その裏に隠れている10点分の間違いじゃないでしょうか？

9割できたことをまずは認めて、できなかった1割をどう改善していけばいいのかを考えたらいいのに、9割できたことを見ようともせずに、できなかった1割ばかりにフォーカスしてしまう。

ダメなところにフォーカスしてしまうのは、長年のクセですから、すぐに改善することは難しいです。でも、そのクセを利用して、ダメなところは自分の伸びしろとして、どう改善していくのかを考えたらいいのです。その改善策を出すための質問が、「もし、もう一度やり直せるなら」です。

今日のお題は以下になります。

---

1. **Week03を振り返って、よかったことを思いつくだけ次ページに書いてください。**
2. **もし、もう一度Week03をやり直せるならどうしますか?次ページに思いつくままに書いてください。**
3. **今日を振り返っての気づきや感想を次ページに自由に書いてください。**

それでは、また明日お会いします。

Day 21

月　日（　）

1

Week03を振り返って、よかったことを思いつくだけ書いてください。

2

もし、もう一度Week03をやり直せるならどうしますか？
思いつくままに書いてください。

3

今日を振り返っての気づきや感想を自由に書いてください。

memo

Week 04

持っているものに目を向ける

Week 04

Day22 自分が成し遂げてきたこと

4週目に入っていきます。今週はあなた自身に目を向けるお題に取り組んでいただきます。Day20で出した目標については、達成に向けて日々行動してください。そして、その行動を通じて得た気づきをお題の3番の回答欄に書き込んでいってください。毎回「もし、もう一度やり直せるなら……」の質問は用意していませんが、この先でもあわせて3番の回答欄に書いてみることもおすすめします。

今日のお題は「自分が成し遂げてきたこと」。今日までのあなたの人生は、あなた自身で創り上げてきたものです。

では、あなたのこれまでの人生を創ってきた一番のキーパーソンは誰になるでしょうか？　そう、あなたです。**あなたのこれまでの人生もあなたご自身が主体的になって創ってきたのです**。

「そんなことはない！」と、否定したくなるかもしれません。しかし、これを認められないのであれば、あなたは他人に人生をコントロールされていることになります。そして、他人は変えることはできませんから、あなたは人生を変えることはできないのです。

親御さんの言う通りに、パートナーの言う通りに、上司の言う通りに、メンターの言う通りに生きてきたと言うかもしれません。でも、仮にそれが事実だったとしたら、その人たちの言ったことを「言う通り」に選択したのは誰でしょうか？　そう、自分なのです。自分の人生は自分で創ってきた。だからこそ、自分で変えていくことができるのです。

そこで今日は、あなたがこれまでに「成し遂げてきたこと」を思いつくままに書いていただきます。このお題を出すと、「成し遂げてきたことなんてありません！」と強い口調で言われる方々もいらっしゃいます。詳しく話を聴くとこの方々は「成し遂げてきたこと」の定義を「他人から認められたこと」に置き換えてしまっているのです。

他人が認めてくれなかったとしても、あなたがご自身で成し遂げたことを認めたらいいのです。あなたが認めていなかったら、他人も認めてくれるはずがありません。

あなたは今日までの人生でたくさんのことを成し遂げてきた人です。だからこそ、この本をここまで続けることができています。そう、ここまで続けているというのも、1つの「成し遂げたこと」になります。昨日まで書いたことを成し遂げていなかったら、今日このお題に取り組むことはないですからね。

たとえば、毎日会社に出勤しているというのも、「成し遂げたこと」です。その「成し遂げたこと」の積み重ねが、今の自分を作っているのです。

「いやいや、会社に出勤するなんて当たり前ですよ……」って、あなたは思われるかもしれません。その当たり前を認めることができないと、他人が認めてくれることが基準になってしまいます。他人が認めてくれることが基準になると、当然自分らしさを失っていきます。

確かに会社に出勤することは当たり前かもしれません。でも、その会社に今日も出勤することができたのは、昨日まで出勤しつづけたことを成し遂げたからですよね。もしも、途中で辞めてしまっていたら、出勤できません。さらにさかのぼれば、入社試験に合格したことも「成し遂げたこと」になります。

というように、今のあなたは、あなたが成し遂げたことでできあがっているのです。

白紙でもいいですし、ノートでもいいです。次ページに取り組む前にとにかく思いつくままに「成し遂げたこと」を書き出してください。「頭で考えて書く」というのではなく、もう手に書かせるくらいの気持ちで取り組んでください。時間制限は特に設けませんが、ストッパーが外れると書き出したらキリがなくなるので、15分程度にしておくことをおすすめします。

最初は「大会に出て優勝した」「営業成績が優秀で表彰してもらった」「志望校に合格した」など、他人から認めてもらえるものから始めていただいてかまいません。そうした「他人から認められるものがない！」のであれば、先に書いたように「お題に３週間取り組みつづけることができた」など、身近なところから書き出してください。

ご自身で決めた制限時間いっぱいに「成し遂げたこと」を書き出したら、下記のお題に取り組んでください。

今日のお題は以下になります。

❶ 成し遂げたことを書き出してみての気づきや感想を自由に次ページに書いてください。

❷ 今日を振り返ってよかったことを次ページに3つ書いてください。

❸ 今日を振り返っての気づきや感想を次ページに自由に書いてください。

それでは、また明日お会いします。

Week 04

Day 22

月　　日（　）

1 成し遂げたことを書き出してみての気づきや感想を自由に書いてください。

2 今日を振り返ってよかったことを3つ書いてください。

1.
2.
3.

3 今日を振り返っての気づきや感想を自由に書いてください。

Week 04

Day23 自分が手に入れてきたもの

昨日は「成し遂げたこと」を書いていただきました。どんな気づきや感想を書かれているのかはわからないのですが、ご自身が思った以上に「成し遂げた」ことが多かったことに気づかれたと思います。

「こんな小さなことで……」と、思いたくなる気持ちもわかります。わかりますが、その小さなことすら成し遂げられないのに、大きなことをどうして成し遂げられるのでしょうか？

一足飛びに大きな成果を出せるなんてことはありません。以前「秒速で1億円！」というキャッチコピーが流行ったことがありました。あれは、セールスしたら1秒で購入してくれる方々がいて、その合計の購入金額が1億円以上になった事実を表現しています。でも、セールス前に購入してくれる方々を集めて、そして、その方々との信頼関係を創っていることを成し遂げていなかったら、「秒速で1億円」は現実化されることはありません。

派手な成果の裏には、地道な努力で成し遂げてきたことが必ずあります。**大きな成果は、小さな成果を積み重ねることで生まれます**。小さな成果を否定せず、小さな成果を認めて積み重ねていくことで、やがて大きな成果になるのです。

あなたはこうやってノートを書きつづけている。書くことは誰にだってできることです。でも、その誰にだってできることを3週間も続けられる人はほとんどいないのです。もちろん、現状維持メカニズムのささやきに説得されるということもありますが、「こんな小さなことをやったって……」と、自分がやっていることを認められないのです。

「他人が認めてくれるならやりつづけられる」というのであれば、その人は自分の人生を生きていることになりません。常に他人の目を気にする人生を送ることになります。

「塵も積もれば山となる」という言葉を昔の人たちは私たちに遺してくれました。塵の段階では誰からも気づいてもらえませんが、それを積み重ねて山のように大きくなったら、多くの人が気づいてくれるようになります。

現に私も文字化を続けてきたことによって、本という1つの山を築くことができ、あなたに見つけていただくことができました。もし、この本がなかったとしたら、あなたとの接点は一生生まれなかったかもしれません。

日々自分の積み重ねていることを自分で認めることができるかどうか。他人からバカにされるような小さなことだっていいんです。バカにするような人たちは、今の自分の境遇で甘んじて、このままtravすごしていくのです。

でも、あなたが変化することによって、「あの人が変わったんだから、自分も変われるかもしれない」という思いをまわりの人たちに芽生えさせられる可能性が出て来るのです。その思いを形にするかどうかは、その人たちの選択と決断になりますが、あなたが変われば、あなたのまわりの人たちも変わっていくのです。

さて、今日のお題は「手に入れてきたもの」について、昨日と同様に白紙やノートに書き出していただきます。これも小さなことを認める練習になります。これまでの数十年の人生で、あなたはたくさんのものを手に入れてきたはずです。もちろん、すでに失ってしまったものもあるでしょう。でも、ここでは失ったものに対してフォーカスする必要はありません。

とにかく「手に入れたもの」を書き出していきます。たとえば、「この本を手に入れた」「ここまでお題に継続して取り組むことができた自分を手に入れた」「本を購入するだけのお金を手に入れた」など、今日のお題も書き出したらキリがないと思いますので、時間制限を設けたうえで、たくさん書き出してください。

本やお金など目に見えるものだけではなく、目に見えないものもどんどん書いてください。たとえば、甲子園に出場した経験があるなら、その経験も手に入れたものにしてください。人のお役に立てたことで喜んでいただいて、「もっと喜んでもらいたい」という気持ちや感情が生まれて来たなら、それも手に入れたものにしてください。親しいお友だちとの友情関係も入れてください。

目に見えるものだけが手に入れたものではありません。目に見えないものを文字化することによって、たくさんのものを手に入れてきた人生だったことに気づけるはずです。

今日のお題は以下になります。

❶ 手に入れてきたものを書き出してみての気づきや感想を次ページに自由に書いてください。

❷ 今日を振り返ってよかったことを次ページに3つ書いてください。

❸ 今日を振り返っての気づきや感想を次ページに自由に書いてください。

目標達成に向けて行動した気づきも、❸で書いてくださいね。それでは、また明日お会いします。

Day 23

月　　日（　）

1 手に入れてきたものを書き出してみての気づきや感想を自由に書いてください。

2 今日を振り返ってよかったことを3つ書いてください。

1.
2.
3.

3 今日を振り返っての気づきや感想を自由に書いてください。

Week 04

Day24 与えられているもの

Day20で書いた目標達成に向けての行動進捗はいかがでしょうか？　あなたの目標は、世界の問題を考えたうえで出されたものですから、その目標達成は問題が解決されたあなたの描く理想の世界に近づいていることになります。

理想の世界や目標のページを見たときに、どんな感情を抱くでしょうか？それを見て、「これをやらなきゃいけないのか……」というように、義務感に近いものを感じたとしたら、それらはあなたが心から本当に達成したいものにはなっていません。

もし目標達成経験が少ないと、「今回ももしかしたら……」という不安な気持ちが出て来ます。その不安な気持ちが義務感を生んでいるかもしれません。現状維持メカニズムも、目標達成に慣れていない状態ですから、さらに不安を生み出していくでしょう。

万が一達成できなかったとしても、「もし、もう一度やり直せるなら……」の質問で自分自身の改善点が見つかります。目標設定が高すぎたのかもしれません。達成が見えたことによって油断したのかもしれません。トライして得られた改善点を次の目標達成に活かしていったらいいのです。達成したら満足感が、未達成だったら改善点が得られます。

だから行動しない理由がないのです。でも、何もしなかったら「逃げた」という事実だけが残ってしまいます。行動を積み上げていく中で、「これは違うな……」と感じられたら、躊躇なく変えていいですからね。

さて、昨日は「手に入れてきたもの」について書いていただきました。目に見えるもの、目に見えないもの、たくさんのものをあなたは手に入れてきました。

もちろん、手に入れたけれど手放したものもたくさんあったと思います。強制的に手放さなければいけないものもたくさんあったと思います。そのすべてが今のあなたを形成しているのです。

昨日と一昨日の2日間で、あなたの「気づく力」は格段に高まっています。それを今日もさらに高めていきます。

今日のお題は「与えられているもの」です。**手に入れてきたものだけでなく、与えられているものがあって、私たちは生きることができています**。

たとえば、この生命がそうです。生命は自分で生み出したものではなく、母親の胎内で育てられ、産んでもらったものです。体内の1つ1つの臓器だって、自分で作り出したものではありません。

たとえば、空気がなかったら生きられませんよね。じゃあ、その空気は自分で作ったものでしょうか？　違いますよね。何か大いなる力が作ってくれたものを吸って生きています。

文字だってそうです。自分で生み出した文字なんて使ってないですよね。文字を発明した人たちがいて、その文字を使ってきて引き継がれているからこそ、私たちは文字を使って、知識や思いを表現して、それを受け取ることができます。

治安もそうです。日本は世界の中で最も治安のいい国だといわれています。ニュースで日本在住の外国人が、日本の治安について語っていましたが、「夜間に女性が1人で歩くことができるなんて信じられない」という話を聞くと、本当に日本に住めることがありがたいと思うのです。じゃあ、その治安は自分で創り上げたものでしょうか？　違いますよね。治安を維持する役割の方々がいて、みんなが納めている税金からその方々の給料が支払われているのです。それを自分でやっていません。安全な国に住んでいる安心を与えてもらっているのです。

というように、私たちがこうやって生きられているのは、普段意識していないたくさんの「与えられているもの」の支えがあってこそです。当たり前のように受け取っていると、それに感謝することもありません。このワークを真剣に取り組んでいただくと、知らないところでたくさん与えられていることに気づき、感謝の気持ちが自然と湧いてきます。

今日も昨日、一昨日に引きつづき、白紙やノートに「与えられているもの」を、時間を決めて書き出してください。そして、書き出しての気づきをノートに記載してください。

今日のお題は以下になります。

❶ 与えられているものを書き出してみての気づきや感想を次ページに自由に書いてください。

❷ 今日を振り返ってよかったことを次ページに3つ書いてください。

❸ 今日を振り返っての気づきや感想を次ページに自由に書いてください。

目標達成に向けて行動した気づきも、❸で書いてくださいね。それでは、また明日お会いします。

Week 04

Day 24　　月　　日（　）

1 与えられているものを書き出してみての気づきや感想を自由に書いてください。

2 今日を振り返ってよかったことを3つ書いてください。

1.
2.
3.

3 今日を振り返っての気づきや感想を自由に書いてください。

Week 04

Day25 お金をかけてきたこと

49日間の取り組みも、今日でちょうど中間地点に入りました。さまざまな取り組みを振り返ってみると、前半と後半では、後半のほうが時間が経つのが早く感じます。たとえば、学生時代。4〜9月末と10〜3月末だと、後者のほうが早く感じなかったでしょうか？

同じ日数であっても、前半は新しい環境に慣れておらず、環境に自分を慣らすことにエネルギーを費やします。環境に徐々に慣れてくると、当然ですが、慣れることにエネルギーを使わなくなり、そのエネルギーを別のところに使うことができます。

たとえば、このノートを始めた当初は開くことにすら、エネルギーを使っていたのに、今ではご自身が決めたタイミングでノートを開くことに慣れてきたと思います。残りは今日を含めて25日間。猛スピードですぎていきますので、1日1日を大事にしてくださいね。

前回は「与えられているもの」について書いていただきました。水や空気、電気、ガス、道路、時間、言葉、お金など当たり前に使えているものが、たくさん出て来たと思います。

見えないところでたくさんの与えられているものがあって、私たちは生きることができています。たとえば、お店でビーフカレーを食べるとします。それが目の前にやって来るまでにも、顔の見えないたくさんの人の支えがありました。そのカレーが盛られている食器を自分で土から作ってはいません。カレーに使われる牛肉も、餌を与えて牛を育て、その牛を屠殺する人がいて、それを食べられる形にしてくれる人がいて……、お米も自分では作っていないでしょう。そんな自分ではできないことをやってもらっているのに、ほとんどのお店で1000円も出せば食べられるのです。

目の前に見えるものの裏には、たくさんの目に見えないものが積み重ねられています。そこに気持ちを向けられるようになると、日々の生活において不満を感じることが少なくなる一方で、幸せを感じられることが増えていきます。ぜひ日々の気づきの中で、目に見えないものを文字化してみるクセをつけていってください。見つければ見つけるほど、幸せを感じられます。

さて、今日のお題は「お金をかけてきたこと」です。これはあなたの強みを発掘することにもつながっていきます。お金をかけてきたことは、それだけあなたが思いをこめてきたこととも言えます。

今回は自分以外の誰かに支払っていただいたことは除外します。たとえば、10代の頃の学費や習い事ですね。あなたがご自身のお金をかけてきたことをこれまでと同様に白紙やノートに書いてください。

ここまで続けられたあなたは、セミナーや教材、本など、たくさんの自己投資してきたと思います。それを「自己投資」や「セミナー」とひとまとめにするのではなく、1つ1つ分解して書いてみてください。

たとえば、私の事例でいえば、最初の自己投資は石井裕之さんの『ダイナマイトモチベーション』というCD教材でした。値段は確か5万円だったと思います。私の人生を変えてくれた『心のブレーキの外し方』(フォレスト出版)という本の付録のCDを聴いて、「もっと続きを聴いてみたい」「これを学べば自分は大きく変われる！」と思ったのですが、躊躇したのはその値段です。「5万円か……」——今だったら自己投資すればするほど、自分に還ってくるのがわかりますけれど、当時はわかりません。「本当に大丈夫だろうか……」と、何日も迷ったことが昨日のことのように思い出されます。

でも、「迷うということは、もう1人の自分がそれを必要だと感じているからだ」と、清水の舞台を飛び降りる気持ちで、購入ボタンを押しました。結果として、その教材からの学びを活かしてこうやって本にすることにできたりしているので、数字には表せられないほど元を取っています。あのときの私の直感は正しかったわけです。「あのときの自分、ありがとう」と、改めて過去の自分に感謝できます。

このように世界中で私しかしていない経験を、唯一無二の価値として、いろいろなところで活用させてもらっています。

あなたがお金をかけてきたことを思い出して書き出してみてください。書き出すことで、たくさんの経験をしてきたことに気づかれると思いますし、その経験はあなたにしかない唯一無二の価値になるのです。

今日のお題は以下になります。

❶ これまでの人生でお金をかけてきたことを書き出してみての気づきや感想を次ページに自由に書いてください。

❷ 今日を振り返ってよかったことを次ページに3つ書いてください。

❸ 今日を振り返っての気づきや感想を次ページに自由に書いてください。

引き続き、目標達成に向けての気づきも、❸で書いてくださいね。それでは、また明日お会いします。

Week 04

Day 25　　月　日（　）

1 あなたがお金をかけてきたことを書き出してみての気づきや感想を自由に書いてください。

2 今日を振り返ってよかったことを3つ書いてください。

1.
2.
3.

3 今日を振り返っての気づきや感想を自由に書いてください。

Week 04

Day26 時間をかけてきたこと

昨日はお金をかけてきたことを「自分の」という制限をつけて書いていただきました。おそらく、あなたがアルバイトや就職をして、稼いだお金を使った経験をたくさん出されたと思います。

ただ、子どもの頃にもらったお年玉を使った経験だって「自分のお金」になります。もし、子どもの頃に自分のお金をかけたことの記載がないのであれば、もう一度トライしてみてもいいですね。

「だったら昨日そうやって言ってくれたらいいのに……」と、思われるかもしれませんが、先にそれを言ってしまったら気づきにならないですし、視野も広がっていきません。

昨日のお題にはしませんでしたが、余裕があれば、「これからお金をかけていくこと」についても書いてみてください。自分を変えたいのであれば、これまでの自分のお金の使い方を見直して、理想の自分のお金の使い方にシフトチェンジしていったらいいのです。昨日のお題を通じて、これまでの自分のお金の使い方を文字化してわかったはずですので、次は「理想の自分だったら、何にお金をかけるのか」を理想の自分になり切ってやってみてください。

今日のお題は、お金を離れて時間になります。生まれてから今日まで、何に時間をかけてきたのかを洗い出していただきます。今回は特に制限を設けません。子どもの頃から振り返ってください。学校や会社、アルバイトやサークル活動、スポーツや習い事、ゲームなどいろいろな時間の使い方をされてきていると思います。

自分から積極的に時間をかけたこともあれば、強制的に時間を使うことになったことなど、振り返ればたくさんのことに時間をかけてこられたはずです。**その時間をかけてこられたことの中に、あなたの価値が必ずありますし、その時間の使い方が今のあなたを、そして、あなたの人生を形成しているわけです。**

本書の冒頭にも書きましたが、ビジネス・ブレークスルー大学学長の大前研一さんがこんなことをおっしゃっています。

「人間が変わる方法は3つしかない。1番目は時間配分を変える。2番目は住む場所を変える。3番目はつきあう人を変える。この3つの要素でしか人間は変わらない。最も無意味なのは『決意を新たにすること』」

あなたはここまでの25日間を通じて、1日における時間配分を変えてきました。それを人生全体で変えていくきっかけとするのが今回のお題です。

あなたがこれまでの人生で、どんなことに時間をかけてきたのか。時間を決めて、思いつくままに書き出してみてください。思いつくままに書き出すと、あなたの人生を大きく占めているものが現れて来るはずです。今の人生で満足しているのであれば、それを継続させていったらいいですし、人生を変えたいと思うなら、それをやめて、自分がやりたいことに時間を使わなければいけません。

『壺の話』という寓話をあなたはご存じでしょうか？　ある大学教授が授業中に大きな壺を教壇に置いて、その壺の中いっぱいになるまで岩を入れて、生徒たちに満杯になったかを聞くと「満杯だ」と言います。しかし、教授は隠していた砂利や水を取り出して、すき間を埋めます。生徒たちはどんなにスケジュールが厳しくても、最大限の努力をすれば、予定を詰め込むことができるたとえだと思ったそうですが、教授の伝えたいことは違いました。大きな岩を先に入れないことには、それが入る余地は二度とないというのです。ここでいう「大きな岩」とは、生徒たちにとって一番大事なものを指します。

壺はあなたの時間のたとえです。その壺の中に何を入れてきたのか？ そして、一度壺を空っぽにして、これからのあなたは何を入れるのか。もちろん、これまでやってきたことをすぐに捨てるのは難しいでしょう。でも、何を捨てたらいいのかをわかっていなかったら、空きを作れませんし、空きが作れなかったら、新しいものを入れることもできません。

あなたにとっての岩とは何だったのか？　それを文字にして認識しましょう。文字にせずに、頭の中でグルグルさせているだけのことは、考えているとは言いませんからね。必ず書き出してくださいね。

今日のお題は以下になります。

❶ これまでの人生で時間をかけてきたことを書き出してみての気づきや感想を次ページに自由に書いてください。

❷ 今日を振り返ってよかったことを次ページに3つ書いてください。

❸ 今日を振り返っての気づきや感想を次ページに自由に書いてください。

引きつづき、目標達成に向けての気づきも、❸で書いてくださいね。それでは、また明日お会いします。

Week 04

Day 26　　月　　日（　）

1 あなたが時間をかけてきたことを書き出してみての気づきや感想を自由に書いてください。

2 今日を振り返ってよかったことを3つ書いてください。

1.
2.
3.

3 今日を振り返っての気づきや感想を自由に書いてください。

Week 04

Day27 自分のすごいところ

昨日のお題を通じて、あなたはご自身にとっての「大きな岩」を発見できたことと思います。その「大きな岩」がこれからの人生にとっても必要だと思われるのであれば、そのままにしておいてください。もし、壺の中身を違う岩に変えたいと思われるのであれば、まずは中身を取り出さなければいけません。

自分にとって重要性の低いものから自分の時間という壺を満たしていったら、あなたの人生は重要ではない「何か」に満たされることになります。

「そうは言っても簡単に捨てられない……」と、きっと思われたでしょう。もし、そう思われているなら、とるべき道は2つです。もちろん1つは捨てること。もう1つは、それを最重要なものへと捉え方を変えることです。

最重要なものへと捉え方を変えると、それまで受動的にイヤイヤやっていたことでも、主体的に取り組むようになります。主体的に取り組むようになると、これまでに気づかなかった面白さが見つかり、さらに良いものにしていこうと創意工夫するようになります。創意工夫するようになると、結果が出ないことも楽しめるようになります。

「うまくいくためにはどうしたらいいんだろう……」

こうやって脳に問いかけると、脳はアイデアを生み出してくれます。そのアイデアを実践して試行錯誤する過程、つまり日常が楽しくなるのです。

子どもの頃を思い出してみてください。難易度の高いゲームやパズルを自分の力でクリアしていくことに喜びを感じた経験はないでしょうか？もし、難易度が低かったら、すぐにクリアはできて達成感はあるでしょうけれど、面白さは感じないはずです。

大きな岩を入れ替えることも、今入っている大きな岩の捉え方を変えることも、どちらも日常を楽しくすることにつながっていきます。私たちの人生は日常の積み重ねです。楽しい日常の積み重ねが、楽しい人生へとつながっていくのです。

さて、今日のお題は「自分のすごいところ」を書き出していただきます。ペンが止まる人が多いお題です。なぜか、多くの人は「自分にすごいところなんてない！」と、自信を持っていますからね。そうやって言い切れる自信を持っていること自体が、私からしたらすごいと思うんですけどね。

ここまで長い人生を積み重ねてきたあなたにはすごいところがたくさんあります。しかし、それを認められないのには、1つの理由があります。

それは「他人が認めないとすごいと思えない」と、自分で定義してしまっているのです。**「すごい」の基準が自分ではなく、他人にあるのです**。

そりゃ、まわりが認めるような大きな実績を残していたら、まわりは認めてくれて、「自分のことをすごい！」と思えるでしょう。でも、実績なんて過去のものです。実績を認められるということは、過去の自分を認められただけであって、今の自分を認めることとは本来は関係ないはずです。

自己紹介の添削をしていると「実績がないから自信がないんです……」という相談をよく受けるのですが、「じゃあ、自信がないのにどうやって実績を出すんですか？」と、逆に質問すると、多くの方は気づきます。

今回のお題は「自分のすごいところ」です。もちろん、「過去にこういう実績を出してきた」というのも含めてもかまいませんが、できたら「今の自分」のすごいところを白紙やノートに書き出してください。

私たちの祖先は「自画自賛」という素晴らしい言葉をのこしてくれています。どんどん自画自賛してしまいましょう。たとえば、「27日間もノートに取り組みつづけている自分はすごい！」「今日も会社に行った自分はすごい！」「今日もお礼を言われなかったけれど、家事に取り組んだ自分はすごい！」「日本に住んでいる自分はすごい！」「文字を読み書きできる自分はすごい！」など。

「読み書きできることを"すごい！"と認めていいの？」と、思われるかもしれませんが、すごいかどうかを決めるのはあなたであって、あなた以外の人ではありません。本当は100個以上書き出してほしいところですが、今回は時間を決めて思いつくままに書き出してみてください。

今日のお題は以下になります。

---

1 あなたが思う「すごいところ」を書き出してみての気づきや感想を次ページに自由に書いてください。

2 今日を振り返ってよかったことを次ページに3つ書いてください。

3 今日を振り返っての気づきや感想を次ページに自由に書いてください。

「目標達成に向けて日々行動できている自分はすごい！」と書いてもいいですからね。それでは、また明日お会いします。

Day 27　　月　　日（　）

1 あなたが思う「自分のすごいところ」を書き出してみての気づきや感想を自由に書いてください。

2 今日を振り返ってよかったことを3つ書いてください。

1.
2.
3.

3 今日を振り返っての気づきや感想を自由に書いてください。

Week 04

Day28 Week04の振り返り

4週目もお疲れ様でした。これで約1カ月続けられたことになります。始める前には1カ月どころか、3日も続くかどうか不安だったと思います。1カ月なんて遠い遠い先のように思えていたのではないでしょうか？　でも、振り返ってみると、あっという間ですよね。そのあっという間のこれまでがノートには刻まれているのです。

1日目から振り返ってみてください。書かれているものを見て、恥ずかしさを感じるかもしれません。「なんて稚拙なことを書いているんだ」――でも、そう思えるということは、あなたが成長した証拠でもあります。

今回はこの28日間を振り返ると同時に、自分ができたこと、取り組んでよかったことを別紙に書き出していただきます。その書き出した気づきや感想をお題として用意しております。

このノートでは頻繁に振り返りをしてもらっていますが、この振り返り、実はやりたくないことではないでしょうか？　なぜそんなことを言うのかというと、私自身がやりたくないことだったからです。

自分が思っている以上の成果や手応えを感じていれば、振り返りをすることによって、より自信が高まります。しかし、成果が出ていなかったり、手応えもなかったとしたら、振り返りをしたら、「自信を失うんじゃないか……」って、不安に思うんですよね。「不安に思うから、振り返りをやらない」というパターンに多くの人はおちいっています。

大きな成果なんてすぐに出ることはありません。確かに新しいことに取り組んですぐに大きな成果を出す人もいます。でも、それは新しいことに取り組んだから成果が出たというよりは、「大きな成果が出る準備が整っていて、今か今かと外に出て来る状態になっていたところに新しいことが刺激となって、表に出て来た」という捉え方をしたほうがいいです。

振り返りをイヤがる人は他人と自分を比較する思考のクセを持っていることが多いです。「こんなにがんばってきたのに、こんなちっぽけなことしかできていないのか……」って、**自分を責める必要はまったくありません。そのちっぽけなことを認めて褒めたらいいのです**。

たとえば、赤ちゃんがハイハイから二本足で立って、よちよち歩きをし始めたとします。その様子を見て、みんなその赤ちゃんを褒めますよね。まさか「なんだよ……ようやく立っただけかよ……しかもすぐにヒザをついて……もっとキビキビ動けよ！」なんて赤ちゃんを責めたりしませんよね？「すごい！　がんばれ！　もっとできる」って、声がけしますし、途中で転んだとしても「大丈夫、大丈夫」「よく歩けたね！」って、声がけしますよね。そして、赤ちゃんはその声がけに応えるように、成長を見せてくれるじゃないですか。

でも、なぜか自分になると「こんなちっぽけなことしかできていないのか……」って、自分を責めます。ちっぽけなことの積み重ねの先にしか、大きな成果はやって来ません。そのちっぽけなことを認められないのに、どうして、大きな成果を認められるのでしょうか？

仮に大きな成果を出して、一瞬は自分を認めて喜べたとしても、すぐにまわりと比べて、「なんだよ……あの人と比べたら自分のやったことなんてたいしたことないな……」って、また自分を責めるようになります。

他人と比較していたら、一生自分を認められるようにはなりませんし、他人のことなんて気にすることはありません。頭ではわかっていても、どうしても他人が気になってしまうのもわかります。でも、あなたはここまで精一杯取り組んできたのです。それは誰のためですか？　ほかならぬあなた自身のためでしょう？　他人から褒められるために取り組んでいるわけじゃないですよね？　それを一番間近で見てきたあなたが、自分自身を褒めないで、誰が褒めてくれるんですか？

あなたがあなた自身のために取り組んできたことです。誰に遠慮することなく、思いっきり自分を褒めてください。

ほかの人と比べたら、小さな成果しか出せていないかもしれません。でも、それがあなたの今の実力ですし、その実力を精一杯出した先にしか成長はありません。がんばっているあなたを見て、笑う人もいるでしょう。笑いたい人には笑わせておけばいいのです。あなたはあなたの道を突き進んでください。やりつづけていけば、やがてその笑っている人たちは、あなたのはるか後方にいますからね。

もう一度言います。自分ががんばってきたことを褒めることに誰の遠慮もいらないのですからね。

今日のお題は以下になります。

❶ 4週間を振り返って、できたこと、よかったことを思いつくだけ書き出してみての気づきや感想を次ページに書いてください。

❷ もし、もう一度Week04をやり直せるならどうしますか？次ページに思いつくままに書いてください。

❸ 今日を振り返っての気づきや感想を次ページに自由に書いてください。

それでは、また明日お会いします。

Week 04

Day 28　　月　　日（　）

1 4週間を振り返って、できたこと、よかったことを思いつくだけ書き出してみての気づきや感想を書いてください。

2 もし、もう一度Week04をやり直せるならどうしますか？
思いつくままに書いてください。

3 今日を振り返っての気づきや感想を自由に書いてください。

memo

Week
05

態度を変える

Week 05

Day29 奇跡の確率

残り3週間に入っていきます。これまでは自分の内側に焦点を合わせるお題が多かったですが、残りの3週間は自分の外側に焦点を合わせていきます。行動のお題を出す日については、実践していただかないと、翌日のお題に回答できないようになっています。「行動」といっても、小学生ができるレベルのことです。ただ、人によっては心理的ハードルが高いので、行動自体は簡単でも、「一歩踏み出すのは難しい……」というお題もあるかもしれません。でも、ここまでやって来たあなたですから、行動すること、そして、失敗すらも気づきに変わることに気づかれていると思います。

これまでの自分と違う行動をとることが、自分を、そして、人生を変えるには必要でしたね。本当に「変える！」と決めているなら、できるかどうかを考えずに実践しちゃいましょう。できなくてもいいのです。大事なことは、行動したという事実です。仮にうまくいかなかったとしても、それはあなたにとっての伸びしろですからね。

故・村上和雄先生の遺作、『君のやる気スイッチをONにする遺伝子の話』（致知出版社）に細胞1個が新しく生まれる確率というお話が載っています。

細胞1個が新しく生まれる確率というのは、進化生物学者の故・木村資生（もとお）先生の研究によると、1億円の宝くじが連続100万回当選するのと同じ確率だというのです。

村上先生の研究によると、私たち人間は、その奇跡的な確率で生まれた細胞、37兆個から成り立っているそうです。地球の人口は、この原稿を書いている時点で78億人を超え、80億人の大台も見えています。その80億に近い人たちのすべてが、37兆個の小さな細胞が寄り集まったもので形成されているのです。

しかも、その細胞同士は、たとえば、各臓器は自分の働きをしながら、ほかの臓器の働きを助けているように、私たちが意図しなくても、ケンカせずに調和して、見事な助け合いが行なわれています。「心臓よ、2倍速く動け！」と言っても、心臓は私たちの意図通りには動きません。でも、心臓は止まることなく動いている。すごいことだと思いませんか？

約80億人という数字を出しましたが、日本だけでも約1億2000万の人たちが暮らしています。

当たり前の話ですが、私たちはすべての人と接点を持つことはできませんし、仮に接点を持ったとしても、すべての人を覚えておくことは不可能です。自分の人生にとって不必要な存在は、名前も顔も忘れてしまっています（逆を言うと、覚えている存在は、その存在がいくら憎たらしい人であったとしても、必要な存在だということです）。

日本で一生に出会える人数を、仮に1万人としたら、1万÷1億2000万＝0.00008333≒0.0083パーセント。ものすごい確率ですよね。奇跡です。ものすごい確率で、出会うということには、その出会いには何か意味があるとしか考えられません。

日本では1日200冊以上の本が出版されているそうです。無数にある本の中で、あなたはわざわざこの本を選んで購入し、そしてここまで一緒にご自身を変えるために挑戦しつづけてきました。

私たちは奇跡の真っ只中にいるのです。もちろん、この本だけではなく、ほかの本でもそうですし、あなたが普段接している方々との出会いもすべて奇跡の積み重ねの先に、あなたの目の前に現れたものなのです。

そこで今日のお題になります。

あなたは、出会った方とのかかわりを大切にするために、何ができるでしょうか？　それを明日、さっそく行動に移してみてください。できることは、たくさん出て来るでしょうけど、行動に移すのは、その中の1つでかまいません。

「最近、連絡を取っていない人にLINEのメッセージを送る」でもいいです。「はがきを書く」でもいいです。「身近な人にコーヒーの差し入れをする」でもいいです。それほど負担なくできることをやってみてください。

行動する際には、「この方とのご縁は奇跡なんだ」という意識を持ってみてください。メッセージ1つ送るのも、相手のことを考えて慎重に書くようになるはずです。その思いが言葉に乗って、相手に伝わるのです。

今日のお題は以下になります。

❶ 出会った方とのかかわりを大切にするために何ができますか?
次ページに思いつくだけ書き出して、明日実践するものに赤丸をつけてください。

❷ 今日を振り返ってよかったことを次ページに3つ書いてください。

❸ 今日を振り返っての気づきや感想を次ページに自由に書いてください。

21日後の目標達成に向けての行動も続けていってくださいね。それでは、また明日お会いします。

Day 29　月　日（　）

1 出会った方とのかかわりを大切にするために何ができますか? 思いつくだけ書き出して、明日実践するものに赤丸をつけてください。

2 今日を振り返ってよかったことを3つ書いてください。

1.
2.
3.

3 今日を振り返っての気づきや感想を自由に書いてください。

Week 05

Day30 あなたにしかできない価値や役割

出会った方とのかかわりを大切にするための行動を実践してみて、いかがだったでしょうか？　普段、何気なくしている行動であっても、意識を変えるだけで、気づきがあったと思います。ぜひその気づきを1番の回答に書いてくださいね。

さて、今日は私たちの系譜をさかのぼってみます。自分から見て1代さかのぼると、両親がいて、両親にも両親に当たる祖父母がいて……1代さかのぼるごとに、2の倍数が掛け合わされていきます。私たちが存在するのは、2人の両親、4人の祖父母、8人の曽祖父母、さらに16人、32人、64人、128人、256人とさかのぼるごとにその数字は増えていきます。

では、10代さかのぼるとその人数は何人になるでしょうか？　10代前で1024人です。では、20代さかのぼると何人でしょうか？　20代さかのぼると、その人数は104万8576人です。1億人を超えるのは、27代さかのぼったときで、さらに進んで30代さかのぼると、10億7374万1824人ものご先祖様たちがいたことになります。

この数字は永遠に増えていき、どう表現していいのかわからないほどの、まさに天文学的な数字になります。

地球に生命が誕生したのは約38億年前といわれています。最初、海で生まれた生物は灼熱地獄の中を生き延びて、陸に上陸してきました。次に氷河期を迎えて、餓えと寒さでほとんどの生物が死に絶えました。それもくぐり抜けて、温暖な気候になると、今度はいろいろな生物が現れ、われわれのご先祖様たちは、恐竜のような大きな生物にもいじめられもしたけれども、それでも生き抜いて来ました。

今の自分がそんな時代を生きるとなったら、とても生き抜ける自信はありません。しかし、そんな時代を生き抜かれてきたご先祖様たちの遺伝子を私たちはみんな受け継いでいて、1人1人が奇跡的な存在であると同時に、38億年の歴史が積み重ねられたうえで、一番最先端を生きているのです。

そんな私たちが生きる現代は、何かにつけて人と比べられます。もちろん、1つの基準で比較をすれば差が出るのは当然です。38億年の奇跡を得て、ここに存在しているんですから、わざわざ比較することはしなくていいと思うんです。

この自然にはムダなものは存在するでしょうか？　人によっては「存在する！」と、言い切るかもしれませんが、それはその人の価値基準でムダだと判断しているのであって、**自然という視点から見たら、ムダなものは存在しません**。

もし、存在しているのであれば、ムダであることの証明が必要ですが、そんな証明なんてできないですよね。私たち1人1人も、自然の一部として存在しています。自然にムダなものがないということは、私たち1人1人にも、ムダな存在なんていないのです。

ムダな存在がいないということは、1人1人には、その人にしかない価値や役割が必ずあります。あなたにもあなたにしかない価値や役割が必ずあります。

「じゃあ、私の価値や役割って何なの？」と、あなたは思われるかもしれません。でも、その答えは誰かが用意してくれるものではありません。自分で生み出してしまえばいいのです。あなたはこの世の中で唯一無二の存在なのですから、あなたが自分の価値や役割を自分で創造していいのです。

「そんなこと言われても、どう創造したらいいかわからない……」と、学校教育に慣れていると、どうしても答えや解き方を求めがちになります。わからないというのであれば、まずは目の前にあることを自分にしかできない価値・役割だと思ってトライしてみてほしいのです。

目の前に現れていることは、過去のあなたの選択と決断が引き寄せたものになります。たとえば、私がこうやって本を書かせていただいているのも、この本の出版のオファーがあって、それを受諾したという過去があるからです。この本を書けるのは、世界中で私だけですから、これを私にしかできない価値・役割だと思って全力で書かせてもらっています。

明日、あなたにトライしていただきたいのは、「これは自分にしかできない価値・役割なんだ」と思って、目の前のことに取り組むことです。もしかしたら、誰でもできることだと思っているかもしれません。それをあえて、自分にしかできない価値・役割だと思って取り組んでいただいて、その気づきを明日のお題で書いていただきます。

今日のお題は以下になります。

❶ 出会った方とのかかわりを大切にするための行動をしての気づきを次ページに書いてください。

❷ 今日を振り返ってよかったことを次ページに3つ書いてください。

❸ 今日を振り返っての気づきや感想を次ページに自由に書いてください。

21日後の目標達成に向けての行動も続けていってくださいね。それでは、また明日お会いします。

Day 30　　月　日（　）

1 出会った方とのかかわりを大切にするための行動をしての気づきを書いてください。

2 今日を振り返ってよかったことを3つ書いてください。

1.
2.
3.

3 今日を振り返っての気づきや感想を自由に書いてください。

Week 05

Day31 姿勢を正す

「これは自分にしかできない価値・役割なんだ」と、意識しながら、1日取り組んでいただけたかと思います。もしかしたら、その意識が薄くなってしまった時間も多かったかもしれません。そんな風に思えなかったかもしれません。それらだって1つの気づきですから、どんどん書いてください。

「ネガティブなことは書いてはいけない」という思い込みを持っている人が非常に多いです。お題は「気づきを書いてください」ですから、ポジティブ／ネガティブの判断は、書く時点ではいらないのです。

むしろ、ネガティブを隠してポジティブばっかり書いているほうが問題です。「ネガティブな自分を隠して、ポジティブな自分を見せたい」という気持ちはわかりますが、それをやればやるほど、自分に嘘をつくことになり、「私は自分にとって都合の悪いことを隠す人間です」という暗示をかけることになります。

書いたものを誰かに見せるわけでもないんですから、思ったまま、気づきを書きましょう。ネガティブが悪いなんてことはありません。ネガティブは、ご先祖様たちが生き残るために必要な感情だったから、私たちに備わっているのです。もし、ネガティブがなくなったとしたら、命の危険性があることに対して、反応することもなくなり、命を落とす可能性が高くなってしまうのです。

ネガティブを無理に抑えるのではなく、自分の感情を素直に感じて生きることが、ありのままの自分を生きることにつながっていきます。

とはいえ、ネガティブが強くなりすぎてしまうと、行動する勇気も同時に失われてしまいます。そこで今回はネガティブをありのままに感じる方法をお伝えしますので、それを明日実践してみてください。

その方法とは、タイトルにもあるように、「姿勢を正す」です。今、どんな姿勢でこの本を読まれているでしょうか？　首は曲がっていないでしょうか？　胸は張っているでしょうか？　背筋は伸びているでしょうか？

おそらく、首は前に出ていて、背筋が丸くなることで、胸が閉じた状態になっているのではないかと思います。

それを意識して首をまっすぐに、胸を張って、背筋をまっすぐにしてみてください。姿勢を正すことによって、不思議と気持ちも「シャキ！」としてくるはずです。

感情というのは、実は身体についているものなのです。試しにやってほしいのですが、胸を張って、満面の笑みで手を大きく振りながら「私は機嫌が悪いです！」という言葉を言ってみてください。

（やりましたか？　もし、やっていないようでしたら、やってから次に進んでくださいね。もし、やっていなかったとしたら、それはあなたの現状維持メカニズムが働いている証でもあります。
「こんなの意味ないじゃん」「どうせ見られていないんだからやってなくてもバレないよ」という言葉に説得されて、やらないという選択をしたわけです。「これまでの自分を変えたい！」と、あなたは意識で思っている。でも、無意識では変わりたくないと思っているから、簡単なことなのにやらないんです）

おそらく機嫌が悪くなるどころか、機嫌が良くなってきたと思います。逆に胸をしぼめて、しかめっ面で「私はご機嫌」という言葉を言ってみてください。おそらく機嫌が悪くなったことでしょう（笑）。

言葉には意味がないんです。機嫌が良くなるのも、悪くなるのも、言葉が決めているんじゃなくて、自分の姿勢や態度、つまり、「あり方」が決めているのです。

あなたがすごいと思う人たちを観察してみてください。うつむき加減になって、姿勢が悪い人なんていないはずです。もちろん、例外もいるでしょうけれど、ほとんどの人が堂々と胸を張って、リアクションも大きくしていると思うのです。そして、あなたもそういった「すごい」と思う人たちの中に入りたいと思っていますよね。

そのためにもまずは姿勢を正すことを意識して、明日1日をすごしてみてください。姿勢を正すことに慣れていない場合は、油断するとすぐにひじをついたり、背筋が曲がったりするものです。できていない自分に気づいたら、そのときの感情も記録しておいてくださいね。

今日のお題は以下になります。

1 昨日のお題、「自分にしかできない価値・役割」だと思いながら行動をしての気づきを次ページに書いてください。

2 今日を振り返ってよかったことを次ページに3つ書いてください。

3 今日を振り返っての気づきや感想を次ページに自由に書いてください。

それでは、また明日、姿勢を正したあなたにお会いします。

Week 05

Day 31

月　　日（　）

1 昨日のお題、「自分にしかできない価値・役割」だと思いながら行動をしての気づきを書いてください。

2 今日を振り返ってよかったことを3つ書いてください。

1.
2.
3.

3 今日を振り返っての気づきや感想を自由に書いてください。

Week 05

Day32 笑顔で接する

今どんな姿勢でこのページを開かれたでしょうか？ 「姿勢を正す」と、言葉にするのは簡単ですが、猫背に慣れている人だと、背筋をまっすぐにキープしていることに疲れを感じて、元に戻ってしまいます。しかも、戻っていることに気づいていないことも多いです。

ちなみに、姿勢を正すことを強制するわけではありません。あなたが理想とする自分は、どんな姿勢をしているのか？ それを決めて、できるだけ長時間その状態ですごすことが理想に近づきます。

ところで、姿勢が崩れていると気づいたときに、どんな気持ちだったでしょうか？ おそらく、ご自身に対してネガティブな気持ちが出ていたのではないでしょうか？ そこで姿勢を持ち直したら、ポジティブな気持ちが出て来たのではないでしょうか？

ほんの短い時間での姿勢の変化であっても、気持ちがすぐに切り替わるのです。これを日々の生活に活かさない手はありません。

たとえば、「やる気が出ないな……」ということがよくあると思います。そんなとき、どんな姿勢でどんな行動をしているでしょうか？ ひょっとすると「やる気を出すために、やる気を出させてくれるYouTubeの動画を見よう！」と、動画を探すかもしれません。その動画を探しているときの姿勢はどんな姿勢でしょうか？

姿勢良く探していたりはしませんよね（笑）？ 首も背筋も丸まってい

ると思うんです。やる気を出すための行動をしているのに、ますますやる気が出ない状態を自分で作っているわけです。だから、やる気が出る動画を見ているはずなのに、やる気が出ない……やる気が出ないから別の動画を探す……そのうちに自分の興味のある動画を探していて、気づいたら2時間すぎてしまっていた、その2時間を失ったことに対して自分を責めて、自暴自棄になり、「もういいや……、明日に回そう……」という悪循環にハマる——これ、数年前までの私そのものです。

でも、その悪循環も「姿勢を正す」という3秒の行動で、断ち切ることができてしまうのです。ぜひ今日以降も引き続き、「姿勢を正す」ことを意識してください。姿勢を正すことを意識しなくてもいい状態になると、不思議とまわりから一目置かれるようになります。

そんな姿勢を正されているあなたに明日取り組んでいただくのが、「笑顔」で他人に接することです。そのためには、まず誰も見ていないところで笑顔になる訓練をします。ということで、まず、自分ができる満面の笑顔を作ってください。

もしかしたら、電車の中などまわりから見られる環境で読まれているかもしれませんね。その場合も、まわりを気にせず満面の笑顔を作ってください。大丈夫です。まわりは「本を読んで面白かったんだな」と思ってくれます。

いいですか。満面の笑みですよ。どんな笑顔になっているのか、鏡は見なくていいです。鏡を見てしまうと、作り笑いに走る人がいますからね。

満面の笑顔を作ったら、お題を書き終わるまで、その笑顔をキープしてください。「えっ⁉」と、思われたとしたら、もう笑顔が崩れていますので、笑顔に戻してください。実は、私も文章を書いているときは笑顔をキープするようにしていますが、気づいたら笑顔がなくなっていることが多いです。

頬の筋肉が疲れてしまうんですよね。だから、まずは頬の筋肉を鍛えるところから始めます。そうそう、姿勢も正すことを忘れないでくださいね。

「笑顔のキープが難しい……」という気づきがあったら、今の段階はそれでOKです。それだけ笑顔に慣れていない、ということですからね。

「幸せだから笑顔になるんじゃない。笑顔だから幸せなんだ」
「楽しいから笑顔になるんじゃない。笑顔だから楽しいんだ」

という言葉を耳にされたことがあると思います。前回もお伝えしたように、行動に気持ちがついてきますからね。その素敵な笑顔で相手に接することによって、あなたは幸せや楽しさを相手に伝染させることができます。

「何かいいことあった？」って、聞かれるかもしれませんので、聞かれたときの回答を先に用意しておくことをおすすめします。

今日のお題は以下になります。いいですか？　書き終わるまで笑顔をキープですからね。

---

1. **昨日のお題、「姿勢を正す」を実践しての気づきを次ページに書いてください。**
2. **今日を振り返ってよかったことを次ページに3つ書いてください。**
3. **今日を振り返っての気づきや感想を次ページに自由に書いてください。**

それでは、また明日、姿勢を正し、満面の笑みを浮かべているあなたにお会いします。

Day 32　　月　　日（　）

1 昨日のお題、「姿勢を正す」を実践しての気づきを書いてください。

2 今日を振り返ってよかったことを3つ書いてください。

1.
2.
3.

3 今日を振り返っての気づきや感想を自由に書いてください。

Week 05

Day33 聴き手にまわる

今どんな姿勢で、そしてどんな表情でこのページを読まれているでしょうか？　もしかしたらできていないかもしれません。それでもいいのです。「忘れていた……」と、認められることが素晴らしいのです。

「じゃあ、できているのか、できていないのか、どうやって判断したらいいの？」と、思われるかもしれません。これは、何も意識していなくても、まわりから「姿勢がいいですね」「笑顔が素敵ですね」と、言っていただけるようになったら、「できている」と判断していいです。

「そんな日が来るのかな……」って、疑問を持つかもしれませんが、その日が来ることを信じてやりつづけてみてください。**まわりから姿勢や笑顔を褒められるようになったら、あなたは「自分の得たい成果を待つことができる」という自分へと変化していることになります**。

さて、昨日は笑顔で人に接してみていかがだったでしょうか？　このお題の報告でたまにあるのが、「独り暮らしですし、引きこもっているので、人と接することはありませんでした」というものです。こういう方を「できない言い訳探しの天才」といいますが、これも現状維持メカニズムです。

近くの飲食店に入って、店員さんに笑顔で話しかけることもできます。Zoomなどオンラインツールを使って、対面で会話することだってできます。もし、思いつかないのなら、SNSでアイデアを募集したり、話し相手を募集したりすればいいのです。

思即実行です。思ったら即実行しないと、やらなくてもいい理由がどんどん浮かんできて、それに説得されてしまいますからね。
これまで無表情だった人がこのお題にトライすると、「なんでニタニタしてるの？　気持ち悪い……」「急に笑顔になって気でも狂ったの？」「その醜い笑顔を見せるな！　気分が悪くなる！」という他人からの汚い言葉、非難、中傷を浴びることもあります。実はこれ、すべて私自身が言われた言葉なんですが、似た経験をされている人は多いです。

でも、これもまた1つの経験です。ああいうことを言ってくる人は、本当は自分も笑顔になりたいんです。でも、笑顔になるような出来事は与えられるものだと思っていて、それが自分には与えられないのに、こちらには与えられたと思うんです。それが許せなくて笑顔を壊そうとしてきます。

「笑顔になってもいいことなんてない……」と、思うかもしれませんが、「笑顔になったらいいことがある」と「いいこと」を求めているその思考は、「いいこと」を求めてイライラしている人と同じ思考だということに気づかないといけません。

さて、今日のお題は姿勢と笑顔をキープしながら、聴き手にまわっていただくことを実践していただきます。

「話を聴く」って、頭ではわかっていても、なかなかできません。人は聴くよりも話すことが好きな生き物ですので、「何を聴こうか……」よりも、「何を話そうか……」と、なりやすいのです。

よく「私は話すことより聴くほうが好きです」という人がいますが、自己紹介添削を4000人以上やってきた経験から言えることは、こういうことを言う人に限って、話しはじめるととにかく長い。

本人は「聴いている」と思っていますが、会話相手の話に対して、自分の意見を上乗せして話していて、気づいたら聴き手と話し手が変わっているなんてしょっちゅうです。

もう一度言います。人は話すのが大好きな生き物です。みんな自分のことを話したいし、聴いてもらいたいんです。しかし、それを受け止められる聴き手は圧倒的に少ない。需要と供給のバランスが崩れているんです。だから、話を聴いてくれる人に対して、自然と好意を持つようになります。

ということは、需要の多い「聴き手」の立場を取れれば、あなたに人が集まって来るようになります。とはいえ、聴き手にまわることは本当に難しいです。相手の話が自分も興味を持っている分野だと、自分のほうが知識を持っているんだって、主張したくなったりしますからね。

明日は聴き手にまわることを実践しての気づきを書いていただきますので、必ず実践して臨んでください。「聴き手にまわれたのは、お1人だけだった……」という場合でも、その1人との会話からの気づきを書いていただければ大丈夫です。

それでは、今日のお題は以下になります。

---

1 昨日のお題、「笑顔で接する」を実践しての気づきを次ページに書いてください。

2 今日を振り返ってよかったことを次ページに3つ書いてください。

3 今日を振り返っての気づきや感想を次ページに自由に書いてください。

目標達成へ向けた行動で得られた気づきも、書き留めていってくださいね。

Day 33

月　日（　）

1 昨日のお題、「笑顔で接する」を実践しての気づきを書いてください。

2 今日を振り返ってよかったことを3つ書いてください。

1.
2.
3.

3 今日を振り返っての気づきや感想を自由に書いてください。

Week 05

Day34 相手の背景を想像する

昨日は「聴き手にまわる」を実践していただきましたが、いかがだったでしょうか？「話したい……」という思いが、頭の中を駆け巡ったりして、難しさを感じられたかもしれません。もしかしたら、「愚痴や悪口を聴くことになって、ゲンナリした……」ということもあったでしょうか。

一方で、「いやいや聴くだけでしょ？　簡単でしたよ」という場合もあるでしょう。もし、簡単だと思われているなら、その話の内容を要約してみてください。そう質問されると、「聴くことに集中していて、相手の話の中身が頭の中に入っていなかった……」と気づくかもしれません。

「話を聴く」ことは難しいと私は思います。「ただ聴いていればいい」というわけではなくて、相手がこちらに「どう思う？」と、回答を求めてきたときには、話の中身を踏まえたうえで返答しなければいけません。

相手があなたに対して一生懸命に話してくれるのは、自分のことをあなたに理解してほしいと思っているからです。たとえ、その話が愚痴や悪口だったとしても、その人にかかわるつらさや思いをあなたに理解してもらって、共有したいのです。

愚痴や悪口を聴くのは、正直つらいと思います。愚痴や悪口を聴いたところで、相手が抱えている問題が根本的に解決することはないでしょう。でも、あなたが一生懸命に聴くことで、相手が気分良くなって話しているうちに、自分で原因やその解決策を見つけることだって十分あり得ます。

「愚痴や悪口を聴かされている」と受け身に捉えるのか、それとも、「愚痴や悪口を聴いている」と主体的に捉えるのか、言葉を変えれば意識も変えることができます。

受け身で聴いていると、相手のエネルギーに感化されてしまって、聴いているこちらも愚痴や悪口を言いたくなるような思いが頭の中を駆け巡り、場を盛り上げるために一緒に愚痴や悪口を言ってしまいます。よくある事例が、愚痴や悪口を言っていた相手がほかのところで、「◯◯さんも同じことを言っていた」と、責任転嫁して人に話すなんてことがあります。

一方で、主体的に聴いていると、相手のエネルギーに感化されることなく、一緒に愚痴や悪口を言いたくなるような思いが頭の中に浮かんでも、それを外に出すことはありません。

「ただ聴くだけでも難しいことなのに、それを受け身で聴いているのか、それとも主体的に聴いているのか、その聴き方の意識までコントロールできない……」と、思われるかもしれませんが、日々日常の中で意識していくことで、無意識のうちに主体的に聴けるようになってきます。

主体的に聴けるようになってくると、愚痴や悪口を一方的に話してくる人が減ってきます。なぜなら、こちらに愚痴や悪口を話しても、同調してくれないと感じるからです。「愚痴や悪口で盛り上がりたいのに、乗って来ないからつまらない……」となるのです。

さて、今回も引きつづき、聴くことにチャレンジしていただきます。前回と違うのは、「相手の背景を想像する」というところです。

たとえば、その愚痴や悪口を言う人は、どうしてその愚痴や悪口を言うのか、その背景を想像するのです。正解不正解はありません。勝手に想像してください。

〈例〉

「毎日、上司と部下の間に挟まれてストレスいっぱいになっているけれど、そのストレスを発散する方法を知らないのかもしれない……本当は奥様に話したいんだろうけど、仕事が遅くなって夫婦の会話をする時間がないのかもしれない……昨日、話そうと思ったけど、奥さまの愚痴を聴かされることになって、よけいにストレスが溜まったのかも……もし、自分も同じだったら、こうやって愚痴や悪口を言うことで、ストレスを発散するかもしれないな……」

その勝手な想像をすることで、「自分も同じ立場だったら、愚痴や悪口を言いたくなるよな……」と、相手の話をより真剣に聴けるようになると思いませんか？

この「背景を想像する」という聴き方の訓練を積み重ねると、相手が言葉にできていない思いを言語化することができるようになるなど、より相手を理解できるようになります。

今日のお題は以下になります。

---

❶「聴き手にまわる」を実践してみての気づきや感想を次ページに書いてください。

❷ 今日、お話を聴いた相手の背景を本文の〈例〉のように次ページに文字化してみてください。

❸ 今日を振り返ってよかったことを次ページに3つ書いてください。

❹ 今日を振り返っての気づきや感想を次ページに自由に書いてください。

それでは、また明日、お会いします。

Day 34

月　日（　）

1 「聴き手にまわる」を実践してみての気づきや感想を書いてください。

2 今日、お話を聴いた相手の背景を本文の〈例〉のように文字化してみてください。

3 今日を振り返ってよかったことを3つ書いてください。

1.
2.
3.

4 今日を振り返っての気づきや感想を自由に書いてください。

Week 05

Day35 Week05の振り返り

5週目もお疲れさまでした。これで残すは2週になります。始める直前は遠い先のことだと思っていたのが、ここまで来ると「あと2週間しかないの？」と思われるかもしれません。

Day49に向けての目標の進捗はいかがでしょうか？ 「あと2週間しかない」と思うのか、「あと2週間もある」と思うのか、残り2週間という事実に対して、捉え方は人それぞれです。どちらがいい、というのはありません。

「あと2週間しかない」という捉え方をすれば、期限が迫っていることで、より行動の圧を上げる人もいるでしょう。一方で、「期限が迫っていて、もう時間がないから……」と、あきらめてしまう人もいるでしょう。ここまで続けられているあなたは、前者の思考をされていると思います。

仮に達成できなかったとしても、がんばった分だけ成長は必ずしているのです。その成長と学びを活かして、次の目標に挑戦したらいいのです。でも、あきらめてしまったら、その成長も放棄することになりますし、「最後までがんばれない自分」「失敗を直視しない自分」を作ります。

逆に「あと2週もある」という捉え方は、期限が迫っていることにあせりを感じているときには、余裕を取り戻すことにつながります。あせってやってしまうと、視野が狭くなって、本来やっておくべきことを見逃していて、見逃しに気づいたときにさらにあせることになって、品質を下げてしまうことがあります。逆に、「時間がある」と思って、余裕を持ちすぎて行動しないで先延ばしにするパターンもあります。

「どちらの捉え方が正しいというわけではない」というのはわかると思います。目標達成の可能性が一番高くなる捉え方、つまり行動をうながす捉え方をしたらいいのです。もし、あせりを感じているなら、「あと2週間もある」という捉え方を。もし、余裕を感じているなら「あと2週間しかない」という捉え方を自由にしてみてください。

さて、5週を終える頃になると、こういう人が出て来ます。

「5週間も続けてきたのに、目に見える成果が出ていない……、やっぱり自分はダメなんだ……」

「成果が出ない」とあせる気持ちはよくわかります。そして、自分や取り組んでいることを疑いたくなる気持ちもよくわかります。私自身も経験してきましたし、私がかかわった人たちも、ほぼ全員が経験してきたことです。

でも、**成果は急に出て来るものではありません。そのタイミングが来たら現実化するものです**。

たとえば、東大合格を目指している受験生がいたとします。夏の時点で偏差値は50です。このままでは合格しないでしょう。「残り半年しかないから……」と、あきらめてほかの大学に志望を変えるのも手です。一方で「まだ半年もある……」と合格するために最大限努力することもできます。

東大をあきらめた人に東大合格という現実は訪れません。でも、最大限努力したからといって、東大合格という現実が訪れる保証もありません。東大に入れるだけの力を身につけ、それを試験本番で発揮できなければ、東大に合格はできないのです。

「東大に合格できたらうれしい。でも、万が一不合格だったとしても、東大を目指して勉強した日々は一生の財産になる」と、受験当日までのプロセスを大切にできるからこそ、力もついてくるし、万が一のことがあっても、自分を否定することなく、そのプロセスから得た成長を今後に活かすことができるのです。成果にふさわしい力が身についたら、その成果は現象化します。逆を言えば、現象化しないのであれば、その成果にふさわしい力が自分には身についていないということです。

もし、期限までに成果が出なかったら、つまり、現実化できなかったら、それまでの努力はムダになるのでしょうか？　ムダだと思えば、ムダになりますし、今後に活かそうと思えば、今後に活かせます。

これまでの5週間の努力は、世界中でたった1人、あなただけが積み重ねてきた尊いものです。誰のためにがんばっているのか？　それはあなた自身のためですよね？　あなたの人生を創ることができるのは、世界で唯一、あなただけです。誰が何と言おうが、精一杯がんばっているご自身を、あなただけは絶対に否定しないでくださいね。

今日のお題は以下になります。

❶ 5週間を振り返って、できたこと、よかったことを思いつくだけ書き出してみての気づきや感想を次ページに書いてください。

❷ もし、もう一度Week05をやり直せるならどうしますか? 次ページに思いつくままに書いてください。

❸ 今日を振り返っての気づきや感想を次ページに自由に書いてください。

それでは、また明日お会いします。

Day 35

月　日（　）

1 5週間を振り返って、できたこと、よかったことを思いつくだけ書き出してみての気づきや感想を書いてください。

2 もし、もう一度Week05をやり直せるならどうしますか？
思いつくままに書いてください。

3 今日を振り返っての気づきや感想を自由に書いてください。

memo

Week 06

他人に働きかける

Week 06

Day36 褒める&受け取る

残り2週に入っていきます。何かを継続するということは、1回1回の積み重ねの結果です。Day01からDay35まで、毎日取り組んだからこそ、結果として「継続」が生まれています。「継続できない」という悩みを持っている人は、最初から継続を目的にしてしまっています。何のために継続が必要なのか？　そこがすっぽりと抜け落ちてしまっているのです。そして、継続できない自分を責めてしまい、「自分は何をやっても継続できないんだ」と、自分に言い聞かせて、その自分を現実化させてしまうのです。

継続できない自分を想像したら、その通りの自分ができあがるように、「思考は現実化する」というのは、疑いのない事実です。誰でも現実化できる力を持っています。しかし、その力を発揮して、現実化するためには準備と時間が必要なのです。

たとえば、「ハワイに行きたい」という思考を持ったとします。では、このまま思考を持っているだけで、ハワイに行くことは現実化するでしょうか？　絶対にしませんよね。

いつハワイに行くのか……そもそも、ハワイのどこに行くのか？　マウイ島なのか？　ハワイ島なのか？　ホテルや航空会社はどこにするのか……旅行代金はどうするのか……など、詳細を決めて、その1つ1つを行動に移すことで、「ハワイにいる」というあなたを現実化することができます。

現実化する過程にはたくさんの障壁を乗り越えなければいけません。その障壁を乗り越える過程を主体的に楽しんでいく——こんな自分になれば、行動が止まることはないですし、どんどんと思ったことを現実化させられるようになります。

さて、今日のお題は「褒める＆受け取る」です。褒めることは日常的にされていると思いますが、なぜ相手を褒めるのでしょうか？　それはおそらく、相手の喜ぶ姿が見たいからだと思うんです。まさか、「褒めることで相手の気分を良くさせて、こちらの思い通りに動いてもらおう……」なんていう下心はないですよね（笑）。

でも、褒めたときにその言葉をそのまま受け取ってくれないという人も世の中には多いです。「いえいえ、そんなことはありません」と、目をそらして返答されて、会話がなくなってしまったという経験は、あなたもたくさんされていると思います。

そこで、今回トライしていただきたいのは、直接褒めるのではなく、間接的に褒めることです。間接的にというのは、「思います」という言葉を使って表現します。

たとえば、「ノートを毎日書きつづけられてすごいですよね！」って、褒めたいところを「ノートを毎日書きつづけられてすごいと思います」と表現して、相手に伝えるのです。

ほんのわずかな言葉づかいの変化ですが、「思います」を使った場合、相手の反応が薄かったとしても、こちらが自由に思っているだけなので、それで完結することになります。

それでも否定する人は否定しますけどね。それは相手の自由ですよね。つまり、間接的に褒めることによって、「お互いの自由を尊重し合う」ということが実現できるのです。

「急にどうしたの？　何かやましいことでもあるの？」と、言われるかもしれませんが、そのときは「いや、ふと思ったから口に出たんだよね」と、伝えたらいいです。

一方で、「受け取る」も実践してほしいと思うのですが、「受け取る」に関しては、与えてくれる人がいて成り立つことですから、確実にできる保証はありません。

もし、誰かから褒めていただけるようなことがあったら、「そんなこと言われたの、初めてです！　うれしいです！　ありがとうございます！」といった感じで、最大級の喜びで返してください。

「褒めることで人を動かしてやろう」という下心を持っている人以外は、こちらに喜んでほしくて褒めてくれるわけです。ということは、その褒める喜びを受け取ることで、また相手も喜んでくれるという連鎖ができます。逆に喜ばなかったら、相手の褒める喜びを奪うことになりますからね。

ぜひ実践して、明日のお題でやってみての気づきを書いてください。

今日のお題は以下になります。

❶ これまでを振り返って、「褒められたときにどんな反応やお返しをしていたのか?」を次ページに文字化してください。
また、今後どんな反応やお返しをしていく自分になりたいですか?

❷ 今日を振り返ってよかったことを次ページに3つ書いてください。

❸ 今日を振り返っての気づきや感想を次ページに自由に書いてください。

Week 06

Day 36　　月　日（　）

1　これまでを振り返って、「褒められたときにどんな反応やお返しをしていたのか?」を文字化してください。また、今後どんな反応やお返しをしていく自分になりたいですか?

2　今日を振り返ってよかったことを3つ書いてください。

1.
2.
3.

3　今日を振り返っての気づきや感想を自由に書いてください。

Week 06

Day37 自分の失敗談を話す

「褒める＆受け取る」を実践してみていかがだったでしょうか？　直接対面で行なった人もいれば、SNSの文章上で行なった人もいるでしょう。慣れていないと、行動する前にいろいろな葛藤が生じるはずです。「突然こちらが褒めたら、相手にどう思われるんだろう？」――葛藤が起こるのは当然です。そんな葛藤に負けずに、一歩踏み出した自分を褒めてください。

ネガティブな思考や感情というのは、抑えようとしても抑えられず、どうしても湧き出て来るものです。その湧き出て来る性質は、ご先祖様たちが生き残り、子孫を残すために必要だったからこそ発達してきたのです。

もし、ネガティブを感じる能力が衰えていたとしたら、猛獣と共生していた時代に生き残ることはできません。森の中に入って行って、猛獣と遭遇して亡くなった人もいれば、それを見たことで、森の中に立ち入らず、生き延びた人もいた。その生き延びた人たちの末裔が私たちです。そんな長い間受け継がれている遺伝子が生み出しているネガティブな思考や感情を、生まれてから数十年の思考で抑えようというのが、土台無理な話です。

温泉のようにネガティブな思考や感情が湧いて来るなら、どんどん湧かせたらいいのです。その湧いてきたものをどう使うのか？　これが本当のコントロールだと、私は考えています。「ポジティブでなければいけない」と、義務にしてしまう人が多いですが、「なければいけない」なんていう義務の言葉を使っていて、どうしてポジティブになれるんでしょうか？

私たちに不必要なものは備わっていないのです。ネガティブも生きていくうえで、子孫を残していくうえで必要だからこそ、備わっているのです。備わっているんですから、積極的に使わない手はありません。

ということで、さっそくネガティブを使っていきます。今日のお題は、タイトルにもあるように「失敗談を話す」です。失敗したことを人は隠したくなるものです。でも、失敗からたくさんの学びを得ているはずですし、その失敗が今のあなたという人間を形成している一部を担っています。

失敗を話すことは怖いと思います。「そんなダメなヤツだったの……」って、相手からの評価が下がることに怖さを感じてしまいますよね。でも、自分が失敗談を聴く立場だったらどうでしょうか？　「この人は真摯（しんし）な人だ」って、思いませんか？　失敗していない人なんて、この世の中に誰1人としていません。しかし、失敗を受け入れて、成長につなげられる人は少ないです。そもそも失敗を自分の責任として受け入れられない人がほとんどです。

失敗を語ると言っても、今でも克服できていないような失敗を語る必要はありません。まずは日常生活の中での失敗を語ってみてください。

私の話になりますが、先日、いただきもののじゃがいもから芽が大量に出ていたので、「もう食べられない」と思って、妻に聞かずに捨ててしまったんです。使おうと思っていたじゃがいもがないことを妻から問われた私は、正直に「芽が出ていたから捨てた」と答えたんです。半分あきれ顔で、「芽は取り除けば、全然食べられる！　捨てる前に確認するくらいできたでしょ！」と、お叱りを受けました。知識不足でもあり、確認不足でもあったので、平謝りするしかありませんでした……。後日、妻が友だちに話したところ「小学生からやり直したほうがいいね」と、会話が盛り上がったそうです。この失敗の学びを活かして、以後、キッチンにあるものを捨てる前には妻の確認を取るようにしています。偉そうに本を書いたり、人前で話したりしていますが、この程度のことも知らなかったダメ夫なのです。

この話を読んでみて、あなたがどんな感想を持たれるかはわかりませんが、この一面を出したことによって、聴いてくださった方は笑ってくださったり、より親しみを持ってくださいました。

明日はこうした日常の中にある失敗談を話したり、SNSにアップしたりしてみてください。失敗談を話すことによって、同じような失敗を経験している人とは関係性がより親密になっていきます。逆に、その失敗談で離れる人もいるかもしれませんが、それはそれで、1つの学びになるのです。

失敗談を話すことに慣れると、ネタ作りのために、もっともっと行動していこうという気持ちになっていきます。失敗はそのまま放置しておいたら、ずっと失敗のままです。重い失敗でなくていいです。私のように日常生活の失敗事例を相手に伝えてくださいね。

今日のお題は以下になります。

❶ 前回のお題「褒める&受け取る」を実践してみての気づきや感想を次ページに書いてください。

❷ 今日を振り返ってよかったことを次ページに3つ書いてください。

❸ 今日を振り返っての気づきや感想を次ページに自由に書いてください。

それでは明日、またお会いします。

Day 37　　月　日（　）

1 前回のお題「褒める&受け取る」を実践してみての気づきや感想を書いてください。

2 今日を振り返ってよかったことを3つ書いてください。

1.
2.
3.

3 今日を振り返っての気づきや感想を自由に書いてください。

Week 06

Day38 失敗をする

失敗談を話してみていかがだったでしょうか？　このお題をトライする際の最初の障害は「話せるような失敗したこと⁉　なんだろう？」ではなかったでしょうか？　失敗したことがすぐに出て来る人というのは、実は失敗を許容できている人です。失敗したけれども、その失敗を次に活かして、成功体験に変えている。こういう経験をたくさん持っている人は、失敗談が次から次へと出て来るし、その失敗談を笑いに変えることもできているので、まわりも明るくすることができています。

でも、そんな人は少数で、失敗談がなかなかできないという人のほうが圧倒的に多いです。何を隠そう、私がそうでした。「人に弱いところを見せたら、いじめられてしまう、攻撃されてしまう」という固定概念が強くて、なかなか弱いところを見せられませんでした。でも、勇気を出して失敗談を出してみたら、思いのほか共感してくれる人が多いことに驚きました。

失敗したくないのは、誰だって同じです。でも、どんなに予測と準備をしっかりしていたとしても、想定外のことが起こり、失敗してしまうことがあります。失敗の原因は、自分の力が及ばなかったからにほかなりません。

ということは、「自分の伸びしろが見つかった」という捉え方ができるのです。成功には報酬が、失敗には成長が与えられます。**どんな成功者であっても、すべてにおいて成功しつづけた人はいません。たくさんの失敗の積み重ねの先に成功を手にされたのです。**

その失敗を楽しむことができるかどうか。そして、その失敗を次に活かしていけるかどうか。その繰り返しが現実化させる力を高めていくのです。

さて、今日のお題は「失敗をする」です。積極的に失敗することにチャレンジしてください。失敗するということは、今の自分の力では及ばないということです。逆を言うと、成功するということは、今の自分の力で十分にできるということです。今の自分の力で十分にできることをやっていたって、成長はありません。

失敗することにチャレンジするのですから、できなくてもいいのです。「失敗できた」を積み重ねていくことによって、見えないところで自分の力は確実についています。

たとえば、ベンチプレスをやって、設定した重さを1ミリも動かせなかったとします。動かせなかったわけですから、失敗ですよね。でも、動かせなかったとしても、動かすために使った筋肉は鍛えられていますよね。

私たちは目に見える成果だけを認めるクセがついています。これを「成果承認」といいます。成果を出せる自分は好きだけど、成果を出せない自分は嫌い。じゃあ、成果を出せるように努力したらいいですよね。でも、これまでに成果を出せていなかったから、自分を信じることができずに、行動したとしてもすぐに止まってしまうのです。

成果は行動の積み重ねによって生まれるわけです。ですから、**成果承認の前に、自分自身の行動を認める「行動承認」をやっていく必要があります**。日々の行動を認められないのに、どうして成果だけ認められるのでしょうか？　もし、自分が認めていない行動の積み重ねによって、成果を出したとしたら、頼るものが成果だけになります。成果が自分の拠り所なので、成果を失わないように、次の挑戦をしなくなります。挑戦をしなくなると、成長もないので、過去の栄光にすがる痛い人になってしまいます。

「失敗できた、素晴らしい！」と、自分自身を褒めてください。自分の失敗が許容できるようになると、相手の失敗も許容できるようになります。もちろん、相手が手を抜いたことでの失敗を許容してはいけませんが、精一杯やったことに対しての行動承認をあなたがすることで、あなたに励まされた人たちは「また行動しよう」という気持ちが湧いて来るのです。

そのためには、まずはあなたがあなたの失敗を許容できる人にならなければいけません。その第一歩として、明日は今の自分の実力では難しいと思えることに、必ずチャレンジしてください。そして、チャレンジして「失敗できた自分」を褒めてください。

たとえば、笑いを取れる人になりたいと思うなら、「笑いを取るために、会った人にギャグを必ず言う」でもいいです。あいさつを普段していないなら、「あいさつをする」でもいいです。人から見たら簡単に思えることであっても、あなたにとっては簡単でないチャレンジだと思うなら、それでいきましょう。

失敗の数だけあなたは成長し、現実化する力をつけることができます。

今日のお題は以下になります。

❶「失敗談を話す」を実践してみての気づきや感想を次ページに書いてください。

❷ 今日を振り返ってよかったことを次ページに3つ書いてください。

❸ 今日を振り返っての気づきや感想を次ページに自由に書いてください。

それでは、また明日、お会いします。

Week 06

Day 38　　月　日（　）

1「失敗談を話す」を実践してみての気づきや感想を書いてください。

2 今日を振り返ってよかったことを3つ書いてください。

1.
2.
3.

3 今日を振り返っての気づきや感想を自由に書いてください。

Week 06

Day39 感謝を伝える

今日はどんな失敗をされたでしょうか？　失敗耐性がまだついていない人にとっては、あえて失敗をするというのは、なかなか難しいことです。でも、失敗の数がその人を豊かにしますし、成長を早めてくれます。

この原稿を書く前、私がやった失敗というのは、テニスのレッスンで新しい打ち方に挑戦し、その打ち方でゲームに臨んだことです。

結果、ボールは速くなったんですが、コントロールができず、ミス多発で、ゲーム練習で負け続きでした。新しい打ち方ですから、失敗するのは織り込み済みです。でも、やっぱりゲームとなると、負けたくないという気持ちが働きます。「これまでの打ち方であれば、勝てるけれども、もう一段階上に行くためには、これまでの打ち方を変えないといけない……打ち方を変えたら目の前のゲームに負けてしまう……」――そんな葛藤がずっと心の内で起こっておりましたが、結果としては、新しい打ち方に挑戦しつづけて、ゲームはほぼ全敗という失敗に。

ゲームで負けるとイライラするけれども、負けてでも使っていかないと、自分のモノになりません。この失敗はチャレンジしたからこそ体験できたことです。大事なのは、その失敗から学んだことを次の練習に活かすこと。そこである問いかけをします。

「もし、もう一度やり直せるならどうする？」

この質問です。毎週の振り返りのときに、書いていただいていますよね。

振り返りをすると、ほとんどの場合、自分のダメなところを出して終わってしまいます。しかし、この質問を投げかけることによって、改善ポイントまで発見することができます。

たとえば、私の事例であれば、「素振りをしてカラダにスイングを馴染ませてから練習に参加する」ということを書き出します。じゃあ、「その素振りはいつやるのか」「何回やるのか」という新しい行動が必然的に生まれることになります。これで素振りをせずに次の練習に臨んだら、また同じ失敗を繰り返します。同じ失敗を繰り返していては成長はありません。改善ポイントを見つけて、行動して、次に臨む。それでもまだうまくいかなかったら、また「もう一度やり直せるなら？」と、自分に問いかけて、改善ポイントを見つけていきます。こうやって、失敗→改善を繰り返すことで、成功している自分に近づくことができるのです。お題としては出しませんが、日々失敗できることにチャレンジしていってくださいね。

さて、今日は「感謝を伝える」というお題になります。これがなかなか難しい。「感謝の気持ちを伝えたいな」と思っていても、改まって伝えるとなると恥ずかしさを感じますよね。だからこそ、やってほしいのです。

あなたも誰かから感謝を伝えられたらうれしいように、あなたが感謝を伝えた相手もうれしいに決まっています。でも、親しい間柄だと、そのうれしさを素直に表現されないこともあるでしょう。

そこで今回も間接的に伝えてみましょう。たとえば、夕食のときに「こんなにおいしい料理を食べられてありがたいな」って、料理を作ってくれた人に伝えてみる。逆に自分が料理を作っている立場なら、「おいしそうに食べてもらえてうれしいな」って、伝えてみる。もし相手が仏頂面で食べていたとしても、自分がそう思っているんですから、それでいいのです。

感謝を伝える際にやってはいけないことが1つだけあります。それは「相手に期待すること」です。

「感謝を伝えたんだから、反応してくれたっていいだろ？」と、どうしても思いがちです。でも、それは相手を動かして、自分の欲を満たそうという下心丸出しの行動ですよね。相手はそれを察しますから、感謝の気持ちなんて返って来ません。

相手からの見返りなんて求めなくていいです。自分がそう思っているということを伝えたらいいのです。見返りを求めていると、「もし、変な反応をされたらどうしよう……」「拒絶されたらどうしよう……」「口だけでしょ？って言われるかも……」と、行動したくない理由がいっぱい思い浮かびます。

どなたに対してでもいいので、感謝を伝えてみてください。直接的でも間接的でも、どちらでもかまいません。チャレンジするのであれば、普段伝えたいけれども伝えていない人に対してやってみるといいですよ。

今日のお題は以下になります。

❶「失敗をする」の実践してみての気づきや感想を次ページに書いてください。

❷ 今日を振り返ってよかったことを次ページに3つ書いてください。

❸ 今日を振り返っての気づきや感想を次ページに自由に書いてください。

それでは、また明日、感謝を伝えられたあなたにお会いします。

Week 06

Day 39

月　　日（　）

1 「失敗をする」の実践してみての気づきや感想を書いてください。

2 今日を振り返ってよかったことを3つ書いてください。

1.
2.
3.

3 今日を振り返っての気づきや感想を自由に書いてください。

Week 06

Day40 すぐに反応する

「感謝を伝える」のお題、やってみていかがだったでしょうか？　恥ずかしい気持ちが出て来たり、「今日じゃなくてもいいか……」という思いが出て来たのではないでしょうか？

ここまでに何度も何度も経験されていると思いますが、何か新しいことに取り組もうとしたら、それを止める声が自分の中に出て来ます。これは自然と湧いて来るものですから、抑えることはできませんし、抑える必要もありません。

現状維持メカニズムが、「あなたが変わらないように」と、あなたのことを心配して発してくれる声なのです。まずはその声を認識してください。認識するためには、その声を文字化するといいです。文字化することによって、客観的に捉えられるようになります。客観的に捉えられたら、自分自身に語りかけてください。

「もう1人の自分は一生懸命に自分を止めようとしてくれている。この働きがあるから、無事に生活ができている。ありがたい。でも、自分はこのままではいけない。1人でも多くの人のお役に立つ自分になるために、もっと成長したいから、これから行動するよ」

もちろん、これは一例であって、一言一句この通りに語りかけないといけないわけではありません。そして、自分自身に語りかけたら、即行動です。即行動しないと、すぐにもう1人の自分が説得してきます。もう1人の自分が語りかける余裕がないくらい、行動に気持ちを向けてください。

「すぐに不安になってしまうんです……」という相談を受けることがたくさんありますが、こういう相談をされる方々は、みんな行動を止めているんです。行動を止めるから、もう1人の自分は行動しないように、たくさんの不安を生み出してくれます。

何か新しいことにチャレンジしようとしたら、不安は必ずやって来るのです。それを何度も何度もあなたは人生の中で経験されてきましたし、この40日間でも、たくさんの不安に襲われたでしょう。でも、その不安を認めて行動したからこそ、今日のあなたがここにいます。

できることを考えて、すぐに行動に移す。いや、考えなくてもいいです。「これやったらいいだろうな……」と、**思ったことをすぐに行動に移していく身体を作っていきましょう。「思即実行」です。**

今回はDay05以来となる「思即実行」のトレーニングになります。タイトルにもあるように、「すぐに反応する」です。どんなに孤独な生活をしていたとしても、無人島にでもいない限りは、他人からあなたに対するアクションがあるはずです。直接口頭によるアクションもあれば、メールやSNSという文章によるアクションもあります。「メールやSNSでも自分にかかわって来る人はいないよ……」という場合であっても、YouTubeを見ていれば、「チャンネル登録お願いします」「コメントお願いします」などのアクションがありますよね。自分に対する直接のアクションでなかったとしても、すぐに反応するトレーニングをしていきます。

「じゃあ、具体的に"反応する"って、何なのか？」と、思われるかもしれません。誰かから話しかけられたのであれば、間髪入れずに「はい！」の返事をしてください。見ている記事で、「いいね！」やコメントを求められたら、「いいね！」やコメントを入れてください。メールを読んだら、普段は返信しないメールでも返信してください。たとえば、メルマガなんて返信しない人がほとんどです。でも、書いている人は返信があったらうれしく思いますから、ぜひやってみてください。

考える前に動いてしまうことを1日やってみてください。これをやると相当疲れると思います。肉体的な疲労もそうですが、精神的な疲労を強く感じるはずです。すると、現状維持メカニズムがこんな風にささやいてきます。

「ねっ、疲れたでしょ。これまでそんなに早く反応してなくても、人生やってこれたんだから、無理しなくていいよ」と、現状維持メカニズムがもっともらしい理由であなたを引き止めます。それを感じてほしいのです。

成果を出している人たちはみんな着手のスピードが速いです。その行動の質において彼らの真似をすることはできませんが、着手のスピードだけは彼らの真似をすることができます。

考えるよりも先に身体が動いてしまう状態を作っていきましょう。そのための合言葉が「思即実行」です。

今日のお題は以下になります。

❶「感謝を伝える」の実践してみての気づきや感想を次ページに書いてください。

❷ 今日を振り返ってよかったことを次ページに3つ書いてください。

❸ 今日を振り返っての気づきや感想を次ページに自由に書いてください。

それでは、また明日、思即実行して充実されたあなたにお会いします。

Day 40　　　　月　　日（　）

1 「感謝を伝える」の実践してみての気づきや感想を書いてください。

2 今日を振り返ってよかったことを3つ書いてください。

1.
2.
3.

3 今日を振り返っての気づきや感想を自由に書いてください。

Week 06

Day41 お願いごとをする

今日はたくさんの反応をしたことで、精神的にも肉体的にも疲労が相当溜まっているかと思います。ここですぐにできるワークを1つやってみましょう。

「あぁ〜、疲れた〜」と、いったん本を置いて、5秒間上に手伸びをして、手伸びが終わったら次を読み進めてください。

手伸びをして、どんな感覚だったでしょうか？　確かに疲れは感じているけれども、表情は笑顔で気分は上がっているかと思います。もし、気分が上がっていないというのであれば、原因は1つです。それは「主体的」に取り組んでいないからです。

人は面白いもので、**自分から主体的に取り組んだ場合には、同じ疲労でも、それを心地良く感じます**。しかし、主体的に取り組まなかった場合には、同じ疲労でも、心地悪さを感じ、気分が落ち込みます。主体的に取り組むかどうかは、自分で選ぶことができます。でも、主体的に取り組むことに現状維持メカニズムが慣れていないと、どうしても受動的になります。

じゃあ、主体的に取り組むためにはどうしたらいいのか？　目標やWeek03で取り組まれた内容を見返してみてください。ここ数日、見返すように指示はしませんでしたが、毎日取り組む前に確認したでしょうか？

もし、見返していなかったとしたら、やはり取り組み方がまだまだ受動的になっていることになります。「横川が言うからやる」では、行動して成長しているとはいえ受動的な取り組みです。49日をやり切ったことに満足してしまい、そのあと行動が止まり、気づいたらまた行動できていない自分に戻っています。いや元通りじゃないですね。やり切ったにもかかわらず、そして行動が止まる理由がわかっているにもかかわらず、行動しないのだから、「始める前より退化した」と言っても過言ではありません。

このワークの序盤で目標達成できない一番の理由をお伝えしましたよね。それは「忘れる」でした。人は目標を立てても忘れてしまうのです。目標達成に少しでも近づくための時間とエネルギーを、これまでの自分が無意識に使ってきたことに使ってしまっているのです。だから、目的や目標を忘れない工夫をする必要があります。

人は忘れる生き物ですから、忘れることを前提に動かなければいけません。もちろん、自分だけではありません。他人も同じです。「覚えていて当然」という期待を相手にかけたら、不満に変わることが多々あります。

相手が忘れてしまうのは、こちらの責任です。もし、あなたが目的や目標を確認することを忘れてしまっていたのであれば、それを喚起してこなかった私の責任です。(もちろん、喚起してこなかったのは、意図的にやっているんですけどね)

さて、今回のお題は「お願いごとをする」です。もしかしたら、あなたは人にお願いをするのが苦手かもしれません。私がそうでした。「人にお願いをするよりも、自分がやったほうが早い」と思っていましたし、「わざわざお願いして断られるリスクがあるのに、なんで、自分でできることを人にお願いする必要があるんだ」と、思っていました。それで問題なく回っていたので、人にお願いすることはありませんでした。

そんなある日、飲み会である人にこう言われたのです。
「1人でやるのはカッコいいと思っているかもしれないけれど、横川さんからお願いごとをされて喜ぶ人だっているんですよ。お願いごとをすることで、横川さんに貢献できる喜びを生み出すことができるし、相手はそのお願いごとを引き受けて行動することで、成長していく機会になります。お願いごとをすることで、横川さんの時間も空くでしょう？　1人でやるというのは、実は多くのものを失っていることになるんです。もちろん、断られるのはイヤかもしれないですけど、人は頼られるとうれしい生き物ですから、どんどんお願いしたらいいですよ」

私にはまったくなかった視点でしたので、思即実行しました。お願いする前には、いつもの通りに現状維持メカニズムがささやいてきました。「自分がお願いごとをしても引き受けてくれる人なんていないって。仮にいたとしても、義務感で引き受けるから、相手が喜ぶなんてあり得ないよ」それが本当かどうかを証明するために、お願いごとをしてみたら……自分が思ってもいないような反応があって、すぐに対応してくれて、それ以来、お願いできることは積極的にお願いするようにしています。

どんな小さなことでもいいので、あなたもお願いにチャレンジしてください。「食器を洗って」でもいいです。「コピーを取って」でもいいです。思わぬ気づきがありますよ。

今日のお題は以下になります。

1 「すぐに反応する」を実践してみての気づきや感想を次ページに書いてください。

2 今日を振り返ってよかったことを次ページに3つ書いてください。

3 今日を振り返っての気づきや感想を次ページに自由に書いてください。

それでは、また明日お会いします。

Day 41

月　日（　）

1 「すぐに反応する」を実践してみての気づきや感想を書いてください。

2 今日を振り返ってよかったことを3つ書いてください。

1.
2.
3.

3 今日を振り返っての気づきや感想を自由に書いてください。

Week 06

Day42　Week06の振り返り

6週目が終わりますね。昨日お願いごとにチャレンジしてみていかがだったでしょうか？　やらなくてもいい理由がたくさん頭の中に思い浮かんだことと思います。思い浮かぶのは無意識領域の仕事なので、意識で思い浮かばないようにすることはできません。「やらなくてもいい理由が思い浮かんでしまう自分はダメだ……」と、思うかもしれませんが、浮かんで来るものは仕方がないのです。

本当にダメなのは、その浮かんで来るものに対して、説得されてしまうことです。現状維持メカニズムは現状を維持しようと、あの手この手を使ってきます。自分の中だけで起こるならいいのですが、身近な人にも現状維持メカニズムが働きますので、身近な人が止めてきます。

「がんばりすぎなんじゃないの？」
「今のままのあなたで十分素敵ですよ」
「努力する方向が間違ってる！」

いろいろな言葉を投げかけられたことと思います。そのほとんどが、あなたのことを心配してくれての言葉です。葛藤もたくさん出て来たでしょう。でも、あなたの人生です。あなたの人生を作るのはあなた以外にはいないのです。止めてくる方々はあなたの人生に責任を持ってはくれません。

今後もあなたを現状に留めるために、優しい言葉で接してきてくれると思います。自分のことを心配してくれる気持ちだけをありがたく受け取って、粛々と自分の決めた行動を続けるのです。一定期間がすぎると、「行動しつづけているのがあなたらしい」という認識に変わって、むしろ行動していないことに心配してくれるようになります。

その一定期間は人によって異なります。もうすでになっているという人もいれば、1年、2年経っても変わらない人もいます。でも、あなたが変われば、まわりも変わっていきますからね。あなたがそれを信じて待てるかどうかです。

さて、残りはあと1週です。6週間、毎日やってきたのに、「成長が全然感じられない……」と、思われるかもしれませんが、1週目から書いてきたことを振り返ってみてください。「ここの書き方はもっとこうしておいたほうがいいよな」「もっとできることがあるよな」とか初期の頃の自分に向けて伝えたいことが出て来たと思います。

伝えたいことが出て来たということは成長の証です。その頃のあなたとここまで行動を積み重ねてきたあなたに差ができているわけです。

もし、「伝えたいことが出て来ない……」というのであれば、それは成長していないのではなく、あなたが遠慮しているからです。何に対して遠慮しているのかというと、自分自身に対してです。謙虚なあなたは、「自分が積み重ねてきたことなんて、誰にでもできることだから、全然すごくもない」って、思われているかもしれません。

でも、その「誰にでもできること」を6週間も続けられる人なんて、ほとんどいません。そのほとんどの人が、途中で現状維持メカニズムの声に説得されて止めてしまいます。「ほかにやるべきことがあるでしょ？」「こんなのやっても変わらないって」「書くだけで変われるんだったら、とっくにみんな変わってるって」などなど、たくさんの声があなたの頭の中にも生まれて来たと思います。

それに屈せずに、あなたは自分自身を信じてここまで積み重ねてきました。あなたがあなた自身でこの6週間の人生を創り上げられてきたのです。その経験は、この地球上で、ほかの誰も持っていない唯一無二のものです。どんな知識もあなたの経験を絡めて語ることによって、あなたにしか語れない唯一無二のコンテンツに変化するのです。

この6週間で予期せぬ出来事がたくさんあったと思います。「なんで？」と思うようなこともきっとあったでしょう。でも、そのすべての出来事が、あなたを成長させるために与えられたものです。もし、その出来事がなかったら、あなたはここまで成長することはありませんでした。

思考を変えただけで、自分や人生が変わることはありません。行動しないと変わりません。その行動を生み出すのが、思考や感情です。何をどんな気持ちで取り組むのか？　この部分は自分でコントロールができます。思い浮かんで来るものはコントロールできませんが、それをどう捉えるのかはコントロールできます。コントロールできるところとできないところを見極めて、残りの1週間も行動しつづけていきましょう。

今日のお題は以下になります。

❶ 6週間を振り返って、できたこと、よかったことを思いつくだけ書き出してみての気づきや感想を次ページに書いてください。

❷ もし、もう一度Week06をやり直せるならどうしますか? 次ページに思いつくままに書いてください。

❸ 今日を振り返っての気づきや感想を自由に次ページに書いてください。

それでは、また明日お会いします。

Week 06

Day 42　月　日（　）

1　6週間を振り返って、できたこと、よかったことを思いつくだけ書き出してみての気づきや感想を書いてください。

2　もし、もう一度Week06をやり直せるならどうしますか?
思いつくままに書いてください。

3　今日を振り返っての気づきや感想を自由に書いてください。

理想の自分を自由に書いてみよう
（Day48で使います）

Week 07

自分に誠実になる

Week 07

Day43　繰り返したくないこと

さあ、残りの1週間です。振り返りをするとこんなことを思ったかもしれません。「もっと早くにチャレンジしておけばよかった……」。そんな振り返りをする人にシェアしているお話があります。

古代ローマ時代の学者、カトーさんは、ギリシャ語を学びはじめたときに、まわりからこんなことを言われたそうです。

「その歳になって、なぜ今さら勉強を始めたんですか？　習得なんてムリでしょ？」

それに対して、カトーさんはこう答えます。

「何を言っておる。ムリかどうかなんてやってみなきゃわからん。これからの人生で今が一番若いんじゃからな」

さて、ここで質問です。

「その歳になって」と言われたカトーさん。ギリシャ語を学びはじめたのは、いったい何歳だったのでしょうか？

その答えは長生きする人が珍しかった、古代ローマ時代において、なんと「80歳」から始めたというのです。

古代ローマ時代に80歳まで生きているのがすごいし、さらに学びつづけようという姿勢もすごいですよね。いつからだって人生は変えられる――そんな学びがあるから、この逸話は長い時を超えて、海を越えても残っているんだと思います。

今日は残りの人生で一番若い日です。確かに過去には戻ることはできません。けれど、**過去から新しい学びを得ることはできます**。過去の決断は変えられません。でも、この瞬間から、過去とは違った決断をすることはできます。

今日は日々のノートに取り組む前に「繰り返したくないこと」を書き出していただきます。人生を振り返ってみると、不思議と繰り返していることがたくさんあるのではないでしょうか？

「歴史は繰り返す」という有名な言葉があるように、あなたの今日までの人生も1つの歴史です。その歴史の中で繰り返してきたことが今のあなたや、あなたの人生を創ってきています。

今回のお題では、自分ではどうすることもできないことも書いてください。たとえば、小学校でも中学校でも、高校でも大学でも、そして社会人になっても、なぜか人に嫌われてしまうことを繰り返しているとします。

「私は嫌われる勇気が備わっているので、嫌われても大丈夫です！」という強い人ならともかく、普通はわざわざ人から嫌われることを繰り返したいなんて思わないですよね。

もちろん、自分のことを書いてもいいです。ゴールが見えてくると、安心して手綱をゆるめてしまって、行動を止めてしまう。実は、これは私自身のことです。たとえば、この本の執筆ですが、締め切り日まで余裕を持てたので、執筆のペースを落としてしまいました。結局、提出がギリギリになってしまいました。

繰り返したくないことを書き出すことで、「そうした繰り返しを起こさないためにどうしたらいいのか？」という問いが自然と思い浮かびます。

先に挙げた「人に嫌われてしまう」というのは、自分でコントロールできないことですけれど、嫌われない自分になるために、自分ができることはたくさんあります。自分勝手に行動しているのに、人から好かれる人だって、世の中にはいっぱいいるわけで、なぜその人たちが好かれるのかを研究することができますよね。

白紙でもノートでもいいのですが、まず左半分に「繰り返したくないこと」を書き出してください。そして、右半分に自分ができる行動を思いつくだけ書いてください。時間をかければいくらでも出て来ますので、始める前に時間設定をしてくださいね。

今日のお題は以下になります。

❶「繰り返したくないこと」を書き出してみての気づきや感想を次ページに書いてください。

❷ 今日を振り返ってよかったことを次ページに3つ書いてください。

❸ 今日を振り返っての気づきや感想を次ページに自由に書いてください。

目標に向けての行動も続けてくださいね。それでは、また明日お会いします。

Week 07

Day 43　　月　日（　）

1 「繰り返したくないこと」を書き出してみての気づきや感想を書いてください。

2 今日を振り返ってよかったことを3つ書いてください。

1.
2.
3.

3 今日を振り返っての気づきや感想を自由に書いてください。

Week 07

Day44 繰り返したいこと

繰り返したくないことを書き出してみていかがだったでしょうか？　案外思いつかなかったかもしれませんね。思いついた頃には、「設定時間がすぎてしまっていた……」ということもあるでしょう。

これまでに考えたことがなかったなら、出て来ないのも当然です。その「出て来なかった自分を認めることができたかどうか」というのも前回のお題の裏テーマです。出て来なかったのは仕方ないです。「それが今の自分なんだ」と、認められなければいけません。もし、認められないのであれば、自分を変えることなんてできませんからね。

今の自分を認められない。じゃあ、行動して変わった自分を認められるのかというと、残念ながらそうはなりません。未来は実現したら「今」です。今の自分を認められないままに日々をすごしているのに、どうして未来に自分を認めることができるのでしょうか？

確かに満足できない自分かもしれません。あなたは「自分はもっとすごいことができる！」と思っていることでしょう。でも「今の自分を認めることなんてできない！」と思っていたら、ずっと認められないままに一生を終えることになります。「自分を認めることに一生を賭けた人生だった」なんて思いたくないですよね。

自分を認められないことに気づかれたのであれば、繰り返したくないことに「自分を認められない」という項目を書いたほうがいいですよね。

「今の自分は理想を達成するだけの力が確かにない。それは認めよう。でも、このままじゃ絶対に終わらない。いや、終われない。絶対に実現できると信じて、日々行動を積み重ねていくんだ」と、自分に語りかけていく。今の自分を認めないなんて、ただの現実逃避です。現実逃避しつづける人が、目標や理想を達成できるはずなんてないのです。

今回のお題は、前回と真逆の「繰り返したいこと」です。なぜ繰り返したくないことを先に書いてもらったかというと、先に手放さなければ、新しいものを取り入れることはできないからです。

文字にして認識できていなければ、手放すことも、手放す方法も見えてきませんよね。今回は前回書いたものを手放したと仮定して、自分の思うがままを書いてください。

たとえば、私の事例であれば、こうやって本を出すことを繰り返したいです。「じゃあ、繰り返すために何をしなければいけないのか？」という問いから、行動が生まれて来ます。

出版社もビジネスでやられているわけですから、内容が良いのはもちろんのこと、出したら売れる状態の著者にお願いしたいわけです。とすると、私の情報を積極的に受け取りたいと思う人を増やす必要があります。「じゃあ、そんな人を増やすためにできることは……」と、次々と行動が思い浮かんで来るわけです。自分で思いつかないなら、「すでに売れている人に話を聴きに行く」という行動も生まれて来ますよね。あとは、その行動を日々積み重ねていくのです。

次作以降も出るのかどうか、この原稿を書いている段階では決まっていません。じゃあ、何もせずに待っていたら次作を出す話がやって来るのかというと、絶対にそんなことはありません。本を出しつづけるという未来を信じて、今できることにただただ取り組むのみです。

「結局は自分ですね？」——そう思っていただけたらうれしいですし、それをずっと伝えてきました。**すべては自分次第なのです。自分以外をコントロールすることはできません。「人事を尽くして天命を待つ」です。**

あなたが繰り返したいと思っていることは、あなたが行動しつづける限り必ず実現します。逆を言えば、実現するまで行動しつづけることが必要なのです。ほとんどの人は、実現する前にあきらめてしまいます。あきらめたなら、きれいさっぱり忘れて次に進めばいいのに、未練を残すのです。

そんな未練を残すことを繰り返したくないですよね？　そんな未来を実現させないためにも、あなたが繰り返したいことを設定して、それが繰り返されている未来を実現させるために、日々行動を積み重ねていくのです。

あなたはどんなことを繰り返したいですか？　前回と同じように、白紙かノートの左半分に繰り返したいことを、その右側に繰り返すためにどうすればいいのかを書いてください。

今日のお題は以下になります。

---

1. **「繰り返したいこと」を書き出してみての気づきや感想を次ページに書いてください。**
2. **今日を振り返ってよかったことを次ページに3つ書いてください。**
3. **今日を振り返っての気づきや感想を次ページに自由に書いてください。**

目標に向けての行動も続けてくださいね。それでは、また明日お会いします。

Week 07

Day 44

月　日（　）

1 「繰り返したいこと」を書き出してみての気づきや感想を書いてください。

2 今日を振り返ってよかったことを3つ書いてください。

1.
2.
3.

3 今日を振り返っての気づきや感想を自由に書いてください。

Week 07

Day45 感情を書き留める

前回は繰り返したいことを書き出していただきました。理想の自分、理想の人生にとって必要なもの、不必要なものを洗い出すワークでもありました。ご自身にとっての成功パターンと失敗パターンを知っておくことで、成功確率はより高まりますし、失敗確率をより減らすことができます。

あなたは「このままの自分ではいけない……」という危機感を持っていると同時に、「自分にはすごいことができる！」と信じている人です。だからこそ、このノートをここまで続けることができています。

繰り返したくないことは、当然やめたいですよね。でも、現状維持メカニズムはそのやめたいことを繰り返すようにセッティングされています。たとえば、あなたが疲れたときに甘いものを食べてきたなら、無意識のうちに甘いものに目が向くようになっています。目が向くだけならいいですが、気がついたらコンビニでアイスを買って、口に入れてしまっています。

確かに甘いものを食べたら、一時的に血糖値が上がって、エネルギーが補強されますし、脳内にβエンドルフィンが分泌されるので、疲れが取れた気がします。しかし、それは一瞬で、逆に疲れを感じてしまうことを何度も経験されたでしょう。

じゃあ、どう対策したらいいのか？　自分でルールを作ってしまったらいいのです。これまでは「疲れたら甘いものを食べる」というルールを設定してきたわけです。行動は最大の暗示ですので、現状維持メカニズムはそのルールに慣れています。

一生懸命にがんばれば、心身の疲れを感じることからは逃れることはできません。むしろ、感じていなかったら現状の自分でも十分にできることをやっているだけなので、成長はないですよね。でも、疲れを感じたあとに取る行動のルールは変えることができます。

たとえば、こういうルールはいかがでしょう？　「もし、疲れたら梅干しを食べる」「はあ？　梅干し？」と思われるかもしれませんが、梅干しの中にあるクエン酸が疲れに効果があるといわれていますし、バニリンには脂肪燃焼効果があるといわれています。まさに一石二鳥ですよね。これを繰り返していけば、現状維持メカニズムは甘いものより梅干しを求めるようになります。

というように、**「もし、～したらこうする」というルールを設定して、それを何度も何度も繰り返して、現状維持メカニズムを慣らしていってください。**長年かけてきた習慣ですから、すぐに変わることはありませんが、続けていけば必ず変わります。

さて、テーマはガラリと変わります。今日は「感情を書き留める」です。今日のノートを書く前に、白紙やノートに思っていること、感じていることをただただ書きつづけます。ここまで来たあなたですから、ご自身のネガティブな感情も必要なものだと受け入れることができるはずです。

この文章を読み終わりましたら、時間を決めてただただ頭の中にあることや感じていることを書き出すことをやってください。どんなネガティブなことであってもいいです。それを抑えずに書き出してください。

「ネガティブは出してはいけないものだ」と抑えつけてきたかもしれません。でも、何度もお伝えしてきたように、ネガティブは必要だから、私たちに備わっているのです。むしろ、ポジティブでありつづけることのほうが不自然なのです。

ときには怒りたくなることもあるでしょう。ときには悲しんで落ち込むこともあるでしょう。そして、そんな自分を責めたくなるときもあるでしょう。それを頭の中で増幅させるのではなく、紙に書いていってください。紙に書き出すことによって、自分自身を客観的に見られるようになります。

たくさんのネガティブが出て来るでしょう。そのネガティブに対して、こう書き加えてほしいのです。「という感情もあるよね」。このひと言を付け加えることによって、その感情を自分から切り離すことができます。

湧き上がって来る感情は抑えることができませんが、その感情をどう捉えるのか、そして、どう扱うのかは、すべてあなたが決めることができます。

読み終えたら、白紙やノートに感情をそのまま書いてください。そして、その感情を「という感情もあるよね」と、書き換えるワークを行なってから、今日のお題に取り組んでください。

今日のお題は以下になります。

---

❶「感情を書き留める」を実践してみての気づきや感想を次ページに書いてください。

❷ 今日を振り返ってよかったことを次ページに3つ書いてください。

❸ 今日を振り返っての気づきや感想を次ページに自由に書いてください。

目標に向けての行動もラストスパートです。もし、達成しているのであれば、残り４日の目標を立ててみてください。「目標を達成する＝私は目標を達成できる人間だ」という暗示を自分にかけることになりますからね。それでは、また明日お会いします。

Day 45　　月　日（　）

1 「感情を書き留める」を実践してみての気づきや感想を書いてください。

2 今日を振り返ってよかったことを3つ書いてください。

1.
2.
3.

3 今日を振り返っての気づきや感想を自由に書いてください。

Week 07

Day46 批判を受け止める

感情を書き留めてみていかがだったでしょうか？「こんなことを書いてしまっていいんだろうか……」と躊躇されたと思いますが、それもそのまま書いてあるでしょうか？　感情が湧き上がって来ることは本能の働きですから、抑えられませんし、抑える必要もありません。出て来たものをどう捉えるのか、そして、どう活用するかも自分で選択したらいいのです。

でも、そもそもとして、どんな感情が出て来ているのかを自分自身で把握できていなかったら、活用も何もありません。では、どうやって把握したらいいのか？　それが前回やっていただいたお題になります。

感情を書き出すことに慣れていないと、冒頭に書いたような躊躇が出て来てしまいます。「書いたものはほかの誰も見ないのだから、遠慮なく書いてしまえばいい……」とはならないんですよね。確かにほかに誰も見ませんが、唯一見る人がいます。それが自分自身です。

ネガティブに対して嫌悪感を持っている人は、自分がネガティブであることを認めたくないので、ネガティブなことを書けずに、書く手が止まってしまうのです。

私たちの祖先はネガティブだから生き残ってきました。ポジティブのほうが強い人は、生命の危険も省みずに死地に飛び込んでいくため、生命を落としてしまい、子孫を残すことができていません。もちろん、ポジティブに飛び込んでいって生き残ってきた子孫もいるでしょうけど、その数はとても少ないと思います。私たちがこうして生きているということは、そのネガティブのおかげだったと思えませんか？

怒りを感じているときには、「怒っている自分がいる」、喜びを感じているときには、「喜んでいる自分がいる」、悲しみを感じているときには、「悲しんでいる自分がいる」と、感情と自分を切り離して客観的に自分を見ることができるように、日常の中で訓練をしていくのです。

今回は過去にあなたが受けた批判を使ってネガティブを捉える訓練をしていきます。

よほどの変な人でなければ、わざわざ批判を受けたいと思って生活していません。でも、批判してくる人をこちらではコントロールできません。批判は突然やって来ます。批判を受けたら感情が動きます。怒りや悲しみの感情が出て来るでしょう。

世の中にはどんな批判に対しても、冷静沈着に対応できるすごい人たちがいますが、彼らも人間ですから、批判に対して感情が湧いて来ないはずがありません。でも、彼らはその感情を短い時間で処理できるのです。湧き上がって来る感情は心臓が動いているのと同じように、こちらではコントロールできません。コントロールできないことをコントロールしようとしても、どうにもなりません。きっぱりとあきらめているのです。

でも、その怒りや悲しみの感情に対して、どう捉えるのか、どう活用するのかは自分たちで決めています。まずは感情を捉えること。そして、その感情をどう捉えて、どう使うのか。これが「批判を受け止めること」になります。

「受け入れる」ではありません。受け入れるは相手の批判をそのまま採用することです。批判する人というのは、その人の正義をこちらに押しつけてきます。人と人の間には、意見や価値観の相違があります。だから「人間」と書くのですが、批判する人の多くは、「自分の意見は正しい、それを採用しない相手は間違っている」というそもそもの相違があることを認識していません。だから、自分の言うことを受け入れてもらえないと、怒りを使ったり、涙を流したりして、こちらを変えようとしてきます。

湧き上がって来る感情を把握して、捉え方や活用を自分でコントロールできるようになると、相手の言っていることに対して、いったん間を置いて判断できるようになります。

今回は過去にあなたが受けた批判を1つ思い出してください。いろいろな感情が湧いて来ると思いますが、それを白紙かノートに書き出しましょう。書き出したあとに、Day34でやった「相手の背景を想像する」を実践し、なぜ相手がそんな批判をしてきたのかを想像したものを書き出してみてください。

この2つを実践することによって、あなたが受けたその批判に対する捉え方がガラリと変わるはずです。

今日のお題は以下になります。

1 「批判を受け止める」を実践してみての気づきや感想を次ページに書いてください。

2 今日を振り返ってよかったことを次ページに3つ書いてください。

3 今日を振り返っての気づきや感想を次ページに自由に書いてください。

これで残すところあと3日になります。「ラストスパート！」と、言いたくなるところですが、このノートが終わっても、あなたの日常は続きます。ノートが終わって燃え尽きないようにしてくださいね。それでは、また明日お会いします。

Week 07

Day 46　　　　月　　日（　）

1 「批判を受け止める」を実践してみての気づきや感想を書いてください。

2 今日を振り返ってよかったことを3つ書いてください。

1.
2.
3.

3 今日を振り返っての気づきや感想を自由に書いてください。

Week 07

Day47　ゆっくり動く

前回のお題は、これまで取り組んできたお題の中で一番難しいお題だったと思います。そもそも批判されたことを思い出すのも苦痛でしたでしょうし、それに加えて、批判した相手の背景まで想像するなんて、苦行でしかないと感じたかもしれません。

でも、逆にこのお題が「一番スラスラできた」という人もいるのです。それはどういう人かというと、「批判を感謝に変えてきた人」です。

成功者と言われる方々に、批判に対してどう対応しているのかと聞くと、口をそろえて「ありがたい（有り難い）」と言うのです。そのうちのお1人は、「自分が気づいていない視点を与えてくれることに加えて、自分に対して、批判者が持つ有限な時間とエネルギーを使ってくれていますよね。日頃、溜まっている鬱憤（うっぷん）を自分への批判で解消できるなら、お役に立てていることにもなります。まあ、的外れな批判もありますけれど、批判をどう受け止めるのかは自分次第です。相手のバイオレンスなエネルギーは自分の新たな力を覚醒させます」と、おっしゃっていました。

あなたがこれから成長していけばいくほど、批判も増えてくるでしょう。その批判の中には、あなたがよく知っている人たちからのものもあるでしょう。批判がなぜ生まれて来るのかというと、あなたを成長させまいとする現状維持メカニズムです。でも、あらかじめ批判が起こることがわかっていれば、準備ができます。知っている人たちの批判には、嫉妬から来るものだけでなく、本当にあなたのことを心配して止めるための批判もあります。

批判を受けたら感情が湧き上がって来ます。それは止められません。湧き上がって来るものを抑えることに気持ちを向けるのではなく、湧き上がって来たものを把握し、それを捉えることに気持ちを向けていきましょう。

さて、今日のお題は「ゆっくり動く」です。今日のお題を回答してから、次のお題を回答するまでの間、とにかく「ゆっくり」することを意識して1日をすごしてみてください。

まずは呼吸から一緒にやってみましょうか。この呼吸に気持ちを全集中していただいたら、あなたの中から落ち着きが出てきます。身体の中にある空気をすべて外に出すように、息をゆっくりと吐き出してください……身体の中にある空気がすべて外に出たと感じたら、ゆっくりと空気を吸ってください。身体の中の空気が満たされたら、またゆっくりとその空気を吐き出してください。それを５回やったら、次を読み進めてください。

どんな感覚でしょうか？　不思議と落ち着いてきたことと思います。もし、まだ落ち着いてこないようでしたら、落ち着くまで何度も何度もやってみてください。

あせりが強い人は、この“落ち着く”まで待てませんが、あなたはいかがだったでしょうか？

思考を現実化できない人の特徴は「待てない」ことです。待てないのは、現実化した未来を信じられていないからです。信じられていないことが現実化するはずがありません。

現実化させるためには、現実化させるための力が必要です。その力をつけるために、日々行動を積み重ねるわけです。力がついたかどうかは目に見えません。現実化させることができて初めて、力がついたと確認ができるのです。

あせりが出るのもわかります。でも、あせればあせるほど「未来が現実化できないかもしれない」という暗示を自分にかけることになります。逆を言えば「必ず現実化できる」と信じていれば、あせりなんて生まれないわけです。

「そんなこと言っても期日が近いんだから、あせりが出てしまいます……」という人もいるでしょう。これ、これまでにも繰り返していることではないでしょうか？　Day43の繰り返したくないことで、この「あせり」については記載されていますか？

こうやって日々の行動の中で、これまでにやったお題を振り返ることで、より自分のことがわかってきますからね。とにかく明日1日はゆっくり動くことを意識してください。たとえば食事のひと口を30回、いや100回噛んでみる、信号が点滅したら止まるなど、ゆっくり動いて1日をすごしてくださいね。

今日のお題は以下になります。

❶ 本文中にある呼吸法を実践してみての気づきや感想を次ページに書いてください。

❷ 今日を振り返ってよかったことを次ページに3つ書いてください。

❸ 今日を振り返っての気づきや感想を次ページに自由に書いてください。

ゆっくり行動して落ち着いたあなたに、また明日お会いします。

Week 07

Day 47

月　日（　）

1 本文中にある呼吸法を実践してみての気づきや感想を書いてください。

2 今日を振り返ってよかったことを3つ書いてください。

1.
2.
3.

3 今日を振り返っての気づきや感想を自由に書いてください。

Week 07

Day48 理想の自分

今日1日、「ゆっくり動く」を実践してみて、いかがだったでしょうか？　車に乗ったのであれば、高速道路を使わずに一般道で走ったり、制限速度を超えないように走ってみたりしたでしょうか？　電車に乗ったのであれば、いつもだったら快速や急行に乗るところを、あえて各駅停車の電車に乗ってみたでしょうか？

現代人はとにかく時間に追われがちです。こうやって書いている私自身も、この本の締め切りが近づいていることにあせりを感じています。あせってジタバタしたところで、状況は変わりませんし、あせるほど、アイデアは浮かばないのはわかっています。あせりが出て来るのは、無意識の働きですから止められません。でも、あせりに対して、どう対処するのかは、自分でコントロールできます。私の場合は、締め切りが近いからこそ、その締め切りに間に合うように脳はフル回転してくれると信じて、この原稿を書いています。こうやってあなたが読んでくださっているということは、締め切りに間に合って、出版されている未来を現実化させているわけです。

明日は7週目の振り返りになりますので、今日が実質最後のお題になります。その最後のお題は「理想の自分」です。どんな自分でありたいのかを紙やノートに思いつくままに書いていただきます。もちろん、「ここで書いた理想の自分をずっと守らなければいけない」ということはありません。むしろ、どんどん手入れしていって、より洗練させてください。

ところであなたもご存じの「ドラえもんのうた」の歌詞では「夢をみんな叶えてくれる」のは、「不思議なポッケ」でしたが、現実はそうではありません。叶えるのはあなた自身です。

「理想のあなた」はどんな生活をしているのでしょうか？　どんな人たちに囲まれているのでしょうか？　どこに住んでいるのでしょうか？　どんなお仕事をしているのでしょうか？　ほかの誰かが見るものでも、読むものでもありません。誰にも遠慮することなく、思いっきり書いてください。

「理想の自分」を設定するということは、未来にはその設定した「理想のあなた」が誕生しているわけです。ここまでの48日間にあなたは取り組んでくださいました。このノートに取り組む前、当然ですが、ノートに取り組んだあなたは存在していませんでした。でも、取り組む前のあなたは、ノートに取り組んだあなたを誕生させて、そして、ここまでノートに取り組んだあなたを現実化させたわけです。

未来を設定した時点で、その未来は現実化される準備ができているのです。あとはその未来にふさわしい自分になったらいいのです。設定した未来にふさわしい自分じゃなかったら、現実化されないですし、逆を言えば、現実化されないということは、ふさわしい自分になっていないということです。

当たり前のことを言っていますが、ここまで実践されたあなたは、このことをご自身の経験から語れるわけです。

「やりたいことが見つかりません」という相談を受けます。私は「やりたいことなんて見つける必要はない」と言っています。やりたいことよりも、「自分がどうありたいのか？　理想の自分を設定する」ようにお伝えしています。

「理想の自分」を設定したら、その自分を現実化させるために、逆算していったらいいのです。その理想の自分が洗練されればされるほど、選択と決断に迷わなくなります。**「目の前に現れることは、すべて理想の自分を現実化させるために与えられているものなんだ」**という捉え方ができるようになるからです。中にはこれまでの自分だったら、絶対にやらないようなこともあるでしょう。でも、これまでの自分がやらないことだからこそ、自分の新たな可能性が発掘されるのです。

もしかしたら、このノートをここまでやり切るというのも、ノートに取り組む前のあなただったら、やらなかったことかもしれません。でも、やり切ってみたからこそ、ノートに取り組む前のあなたとは違うあなたを、あなたは自分自身で創り上げることができたのです。

自分を、そして、自分の人生を創ることができるのは、唯一、あなた自身です。そして、ここまで実践されたあなたにはその力が備わっています。これを読み終えたら、すぐに制限時間を決めて、「理想の自分」を196ページに書き出すことに取り組んでください。完璧なものである必要はありません。手に書かせるくらいの気持ちでどんどん書いてください。

書いたら、その未来にふさわしい自分になるために、日々行動を積み重ねていくだけです。

今日のお題は以下になります。

1. **「理想の自分」を書いてみての気づきや感想を次ページに書いてください。**
2. **今日を振り返ってよかったことを次ページに3つ書いてください。**
3. **今日を振り返っての気づきや感想を次ページに自由に書いてください。**

いよいよ明日で終わりですね。理想の自分を書かれたあなたとまた明日お会いします。

Week 07

Day 48　　月　日（　）

1 「理想の自分」を書いてみての気づきや感想を書いてください。

2 今日を振り返ってよかったことを3つ書いてください。

1.
2.
3.

3 今日を振り返っての気づきや感想を自由に書いてください。

Week 07

Day49 Week07の振り返り

とうとうここまで来ましたね。おめでとうございます。「ホッ！」としているかもしれませんが、気を抜かず最後までやり抜いてくださいね。最後はここまで鍛えた思考を現実化する力をムダにしないためのお話です。

筋トレしていても、数日使わなかったらあっという間に衰えてしまうように、せっかく49日間を通して鍛えた力も数日使わなかったら、あっという間に衰えてしまいます。「頭では行動しなければいけないとわかっているのに、行動しない」という状態に陥ります。

こういう話をすると、現実化させるためには「ずっと行動しつづけないといけないの？」と、思う人も多いのですが、その通りです。

そもそも、あなたが本当に現実化させたいことは何でしょうか？　本書のお題をやり切ることは、その現実化させたいことを現実化させるための通過点にすぎません。通過点で止まっていては、現実化なんてできません。

現実化させる力の強い人たちは、ゴールをゴールとは思っていません。ゴールは新たなスタートだと捉えています。子どもがずっと飽きずに楽しんで遊んでいられるように、すぐに次の楽しみを見つけて行動しつづけるのです。行動しつづけることが現状維持メカニズムになっているのです。

一方で、成果を出せない人というのは、こういう終わりを迎えたら、「ここまでがんばったんだから、少しくらいゆっくりしてても大丈夫だよ。もう行動力もついているし、いつでもスタートできるからさ」という現状維持メカニズムによる、甘いささやきに説得されて、行動を止めてしまいます。

現状維持メカニズムは本書に取り組む前のあなたになんとしてでも戻したいのです。現状維持メカニズムは悪意を持っているわけではなく、それまでのあなたを守るために働いてくれているのです。

今日で49日間は終わり、私のサポートもここまでです。そして、ここからが本番です。あなたはこれまでの現状維持メカニズムを新しい現状維持メカニズムに変える直前まで来ています。本格的に変わるときにどんなことが起こるかと言うと、「無力感」が湧いて来ます。

「なんでこんなことやっているんだろう……」「こんなにがんばっているのに、目に見えるような成果が出ていない……」「行動しても自分は変わらないんだ……」こういう無力感が必ず湧いて来ます。もしかしたら、すでに湧いて来ているかもしれませんね。でも、あなたはもう対処法を知っています。その無力感を認識して、捉え方を変えたらいいのです。そして、あなたがなりたい理想の自分や達成したい目標、実現したい理想の未来を確認してください。

「ああ、無力感が湧き出ているな……やる気が出ないけれども、やる気が出ないときでも、できることを行動に移すことで、やる気は出て来るはず。理想の自分だったら、こんなときにこそ淡々と行動しているはず。行動しなければ目標も未来も実現されないまま。だからやるしかない」と、自分に語りかけて、自分で自分を動かすのです。

もちろん、休息も必要です。でも、現実化させる力の強い人たちは、その休息も目的なしに取りません。次に取り組む行動のパフォーマンスを上げるため、次の戦略を考えるためなど、目的を明確にして積極的な休息を取ります。一見、止まっているように見えても、実は止まっていないのです。

行動するかしないか、それはあなたが決めることです。まわりがいろいろと止めてくることもあるでしょう。「仕事や育児が忙しくて、やりたいことに使える時間は1日15分取るのが精一杯……」という状況もあるでしょう。15分は1日のうちの1パーセント強の時間ですが、この15分に心を向けて、集中して取り組めば、状況は必ず変わってきます。必ずです。

でも、多くの人は「15分しかないのか……15分やっても意味ないよな……もっと時間が取れたらがんばれるのに……」と、15分を大事にせずに、ないものばかりに目を向けて、結局行動しないままで変わらないのです。

少ない時間かもしれません。小さな行動かもしれません。でも、その少ない時間、小さな行動の積み重ねが、49日前と現在のあなたの違いを作ってきました。人は行動を積み重ねていけば、必ず変わります。

今日でこの本のお題は終わりますが、あなたの理想を現実化させるために、ぜひ行動しつづけてください。あなたの行動が止まれば、その理想が現実化するのも1日1日と遅れていってしまいますからね。

今日のお題は以下になります。

❶ 7週目を振り返って、できたこと、よかったことを思いつくだけ書き出してみての気づきや感想を次ページに書いてください。

❷ もし、もう一度Week07をやり直せるならどうしますか? 次ページに思いつくままに書いてください。

❸ 今日を振り返っての気づきや感想を次ページに自由に書いてください。

「おわりに」でも、1つお題を出していますので、ぜひ次の一歩を踏み出すために活用してみてくださいね。

Week 07

Day 49

月　　日（　）

1 7週目を振り返って、できたこと、よかったことを思いつくだけ書き出してみての気づきや感想を書いてください。

2 もし、もう一度Week07をやり直せるならどうしますか?
思いつくままに書いてください。

3 今日を振り返っての気づきや感想を自由に書いてください。

おわりに

いよいよこの本も終わりです。あなたが毎日積み重ねてきた思考と行動が、ここに残されています。この本の本当の著者は私ではなく、ここまで真摯（しんし）に取り組まれたあなたです。

「はじめに」にも書きましたが、あなたが毎日書いてきた記録は、この世界のほかの誰も経験していないことです。ほかの誰も経験していないことが書いてあるということは、この本は世界で唯一無二の１冊になったのです。

途中でやめようと思ったことが何度も何度もあったことでしょう。書き忘れたことも一度ならず、何度もあったかもしれません。でも、そんなご自身を受け入れて、あなたはここまでやって来たのです。

だからこう言い切ります。あなたは「やると決めたことができる人」です。

「たった49日で……」って、まだ思われるかもしれませんが、49日というのは、１日１日の積み重ねです。何度も書いてきましたが、継続というのは、積み重ねの結果です。継続できない人は、単純に１つ１つの行動をやっていないからです。じゃあ、なんで行動をやっていないのか？　その一番の原因を覚えていますか？　そう、「忘れる」です。

人の記憶なんて当てにならないという経験をたくさんされてきたと思います。自分の記憶力なんて過信しないことです。人はすぐに忘れます。忘れるからこそ工夫が必要です。

私たちが生きている世界で、失敗のない人間なんていません。失敗のない人は挑戦していない人です。これから先もうっかりしてしまうこともあるでしょう。精一杯を尽くしてきたにもかかわらず、自分が望んでいた成果に手が届かないこともあるでしょう。

行動しつづけていく限り、失敗から逃れることはできません。起きてしまったことを悔やんでいても、その出来事が始まる前に時間を戻すことはできませんし、出来事をなかったことにはできません。悔やんでいる間にも、時間はすぎていってしまいます。そして、悔やんで物事がプラスの方向に進むことなんてありません。

その悔やんでいる時間があるなら、「もし、もう一度やり直せるならどうする？」という質問に答える時間に変えて、次につなげていったらいいのです。

中にはご自身が手に入れた成果が物足りないと思うかもしれません。もしかしたら、「毎日書き切ることはできたけれども、目標達成はできなかった……」ということもあるでしょう。目標達成できなかったのは、目標達成できる力を持った自分になっていないということです。

でも、目標達成ができなかったことによって、ご自身の目標に対する見立てが甘い、ご自身を過大評価していた、という現実を知ることができたと捉えられます。今回は目標に届かなかったかもしれませんが、ここでの学びを次回に活かすことができれば、「あの49日間での失敗があったからこそ、ここで成功している」と、失敗を成功に置き換えることができるのです。

どんな分野のトッププロであっても、金メダリストであっても、失敗なしに成果を出した人なんて１人もいません。失敗を糧にして、成果につなげていったのです。積極的に失敗したい人なんていません。万全な準備を期して臨んだけれども､残念ながら結果は思うように出なかった｡出なかったからこそ、自分に足りない部分がわかり、次の挑戦ではその足りない部分を埋めているのです。そうやって成功と失敗を繰り返して、私たちは成長しつづけていきます。成長に限界はありません。自分が勝手に限界だと決めつけるだけです。

まずはできたところを認めてください。そして、できたところを認めたら、次に足りない部分を洗い出しましょう。足りない部分は自分にとっての伸びしろです。伸びしろを伸ばすためには､「努力」が不可欠です。そこで本書で最後にお伝えするのは､「努力」についてです。

あなたは「努力」という言葉にどんなイメージを持っているでしょうか？おそらくは「がんばらなきゃいけない」とか「歯を食いしばる」といったイメージがあると思います。

そもそも人はなぜ努力をしなければいけないのでしょうか？　私たちは子どもの頃からずっと､「努力しなさい」と言われてきました｡「努力すれば必ず報われるから」と。でも､「なんで努力をしないといけないのか？」までを教えてくれた人はいなかったと思います。そもそも何かを手にしたいのであれば、努力はするのが当たり前で、疑問にすら持ったことがないかもしれません。

たとえば、自分の志望校に合格するために一生懸命に努力した受験勉強のように､「努力は何かを手にするためにするもの」というのが一般的な定義です。でも、私の定義は違います。努力とは、誰かに強制されてやるものではありません｡「自分の人生を自分で創るために、主体的かつ自由に行なうもの」です。

努力すればするほど、「自分は主体的で自由に生きる人間なんだという暗示を自分自身にかけることになるのです。たとえば、あなたはこの本をここまでやり切ってくださいました。誰かから押し付けられたり、強制されたわけじゃないですよね？　誰かからすすめられたかもしれませんが、「やろう！」と主体的に決断されたのはあなた自身です。

人生とは１日１日の積み重ねです。１日のすごし方が変われば、人生は変わるのです。もっと細かいことを言うなら、１日は１分１秒の積み重ね。瞬間瞬間のすごし方を変えることが、人生を変えることにつながるのです。

その瞬間瞬間をどんな意識ですごしているのか？

ほとんどは無意識ですごしています。無意識とはこれまでに積み重ねてきた習慣です。だから、あえて何も手を加えなければ、このままの人生が進むことになります。このままの人生で満足しているのであれば、何も手を加える必要なんてないのです。手を加えることによって、これまでの人生は壊れて、新しい人生を創っていくことになります。破壊と創造です。破壊なくして、創造はありません。

努力というのは、破壊と創造の繰り返しです。主体的に自由に人生を破壊して、その破壊した跡地に新しいものを創造していく。あなたは49日前のご自身を破壊されて、49日間やり切った、新しいあなたを創造されました。

このまま努力を続けていけば、新しいあなたはさらに発展していくことでしょう。しかし、努力を止めれば、せっかく創られた新しいあなたは破壊され、再び元のあなたが出来上がるのです。それもいったん破壊されたことによって、破壊されないようにと学習された、より強固なあなたが出来上がります。

カントという哲学者が自由に関してこんなことを言っています。「人間はルールに従っているときこそが自由」だと。自分が決めたルールに自分の意志で従うのは、人間だけにできることです。一般的には、ルールに縛られているから不自由だと思っていて、そのルールから解放されたいからがんばるわけです。

ルールに縛られないということは、食べたいときに食べて、寝たいときに寝るという、欲望に突き動かされるままの生活です。この生活では人間としての成長は一切ありません。他人に貢献したいという気持ちも出て来ないでしょう。

あなたは「理想の自分」を定義されました。その「理想の自分」のルールに従って生きることで、「理想の自分」に近づいていくことができます。あなたが自分で決めたらルールに従うことが自由であり、努力なのです。その努力の結果､あなたは「理想の自分」になる日がやって来るでしょう。その「理想の自分」になる過程において、たくさんのものを手に入れられるはずです。その得られるものの中には、お金や人脈もあります。お金や人脈が手に入れば、今の自分ではできないことができるようになるので、つまり、自由になる選択肢が増えるのです。努力すればするほど、あなたは自由を体現できる人間になっていくというわけです。

生きていくうえではさまざまな成約や義務があります。たとえば、税金を支払わなければいけないという義務がありますよね。でも、イヤイヤ支払うのか、それとも「自分の知らないところで、治安などを支えてくださる方々のお給料になるように……」と思いながら納めることもできます。どちらも自由に選ぶことができます。

さまざまな制限の中で、自分の自由を見つけて、その見つけた自由を体現していく。制限を飛び出そうとするから、不自由を感じるのです。１人１人が、さまざまな制限の中で、自分の自由を体現することが、１人１人の幸せにつながると、私は信じています。

さて、長くなりましたが、最後のお題になります。

最後のお題は、この本を通して得た経験の振り返りです。塾で教えている先生方に聞くと、模擬試験でも成績優秀者ほど振り返りに時間をかけていると言いますし、成果を出されているビジネスパーソンも、その多くは振り返りの時間を定期的に取っています。中には合宿をして振り返りをする方もいらっしゃいます。ぜひ、この最後のお題に関しては、1時間ほどゆっくりと時間を取ってやってみることをおすすめします。

これまでのお題と違うのは、この本を始める前のあなたにメッセージを書くということです。あなたが今日ここまでやり切ることができたのは、本を購入して、第1日目のお題に取り組まれるあなたがいたからこそです。その最初の一歩がなかったら、今日この日を迎えることはありませんでした。ぜひ、最初の一歩を踏み出す前のあなた自身に感謝のメッセージを書いてみてください。

ここまでお付き合いいただき、本当にありがとうございました。この本は終わりますが、あなたの人生はまだまだ続きます。あなたと一緒にこの本を書き上げたことを心から誇りに思います。いつかどこかでリアルでお目にかかれる日を楽しみにしております。

2021年10月　横川裕之

月　　日（　）

1 この本を振り返って、できたこと、よかったことを思いつくだけ書き出してみての気づきや感想を書いてください。

2 もし、もう一度この本をやり直せるならどうしますか?
思いつくままに書いてください。

3 この本を始める前のあなた自身にメッセージを書いてください。

本書の制作にご協力いただいた
スペシャルサポーターの皆さま（敬称略）

赤石理恵
浅見弘幸
石川与生
伊藤 力
伊藤雅子
伊藤里香
稲葉琢也
柄本亜紀
大田原靖子
大久保冨美
岡田広美
岡本有紀子
小沼鏡絵
角藤佑樹
勝田香子
金丸直明
金子 文
鎌田香世子
上川弘次郎
川口康次郎
神成恭太
紀真理子
菊池明子
木下仲子
木村万理子
京谷洋子
金城智佐子
國武玲子
呉村秀幸
黒木真一郎
越川一宏
幸野百合香
櫻本ゆかり
汐口あゆみ
新保泰秀
芝 博文
島野健太郎
菅原愛子
杉山美代
鈴木史生
瀬頭 良
園田 恵
高月圭子
高野稔子
たかのはるか
高橋孝輔
高橋ひろ子
竹本眞巳
忠平ヨシテル
立野智子
田中博子
谷口美代子
徳留孝子
中内亜加里
中澤ひとみ
中村恭子
七海文重
成田あす香
西坂礼子
西野順子
西森佳奈
服部典子
中山知美
長山裕美
橋本 暖
原田 実
東 佐知
東原さとみ
平尾優子
平原大地
深川新人
藤井哲夫
藤原麻美
二川晃一
前田拓也
牧本洋平
麻乃まの
三国倫敬
宮岡真由美
本屋勝海
山路貞善
山田雄太
山那佳世
陸田典志

〈参考文献〉

『思考は文字化すると現実化する』(横川裕之、WAVE出版)
『すごい自己紹介[完全版]』(横川裕之、日本実業出版社)
『心のブレーキの外し方』(石井裕之、フォレスト出版)
『ダイナマイトモチベーション6ヶ月プログラム』(石井裕之、フォレスト出版)
『書いて鍛えて強くなる! 原田式メンタル教育』(原田隆史、日経ビジネス文庫)
『「常勝メンタル」強化の技術』(川阪正樹、セルバ出版)

〈参考サイト〉

整律院 https://seiritwin.com/
天人統合禮法HP https://sui-hassen.com/tenjin/
酔八仙之術HP https://sui-hassen.com

横川裕之（よこかわ ひろゆき）

思考現実化コーチ
1979年新潟県新潟市生まれ。小学校から現在まで東京ですごす。
早稲田大学卒業後、一部上場ICT企業、外資系生命保険会社を経て独立。「思考を文字化すると現実化する」というコンセプトの「文字化メソッド」を開発し、オンラインスクール『文字化合宿』で提供。参加者は出版・テレビ出演・転職・独立・全国大会出場など次々と思考を現実化させている。この「文字化メソッド」をまとめた書籍『思考は文字化すると現実化する』（WAVE出版）はロングセラーとなっている。また「ひとりひとりが大切な人を幸せに導く世の中を創る」という志に共感する人たちが集まる「日本一のランチ会」を2010年から188回開催（2021年11月現在）。そのランチ会で、のべ3000人以上の自己紹介を添削し、人の心を動かす自己紹介を創るメソッドをまとめた『すごい自己紹介［完全版］』（日本実業出版社）も出版している。

ブログ　https://note.com/shikoumojika/
Facebook　https://www.facebook.com/hiroyokko
Twitter　https://twitter.com/hiroyokko

思考を現実化する「ねるまえ」ノート

2021年12月16日　第1版第1刷発行

著者　横川裕之
発行所　WAVE出版
102-0074　東京都千代田区九段南3-9-12
TEL 03-3261-3713　FAX 03-3261-3823
Email　info@wave-publishers.co.jp
URL　http://www.wave-publishers.co.jp
印刷・製本　中央精版印刷

ISBN978-4-86621-392-7 C0011

NDC140　235p　21cm